防身术

周洪生　孟祥文　编著

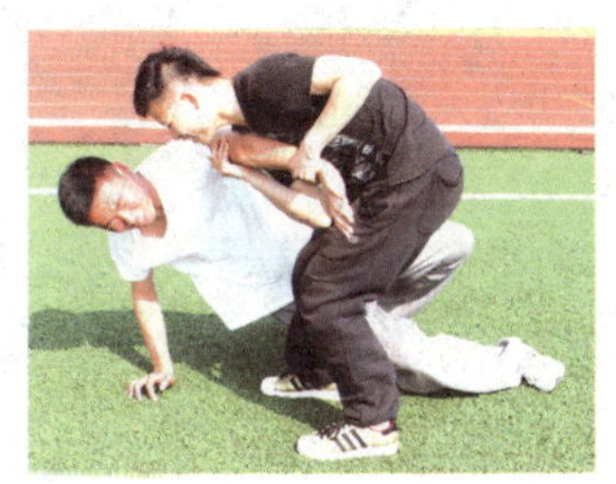

吉林文史出版社

目录

第一章

防身术释义

所谓防身术，就是在实战格斗中，打破一切规则的限制，或以脚踢裆，或用肘击心，或用指戳眼，或抓发击面，或以沙迷眼。它意味着手段无所不备，战场无所不用，一切所能得到和利用的武器都可以被使用。一切以战胜或击毙敌人为终极目标。

防身术的适用范围是非常广泛的。例如，特种部队必须果断地出手将敌人徒手击毙。再如便衣刑警在抓捕罪大恶极的逃犯时，如遇歹徒持刀反抗，也应迅速施展防身术手段将其制伏。当然，普通公民在街头巷尾、舞厅酒吧、轮船码头、公园深处等等，都有可能受到不法侵害，果断地运用自卫格斗武器，是战胜邪恶，保护自己的重要保障。

总之，一切野战都可以运用无规则超级格斗技。当然，要想真正无规则，首先是思想上的彻底解放，其次才是方法上的无限超越。

最后，各位读者必须记住的是，任何无规则格斗技都不能超越法律的界限，当然，在你死我活的战场上除外。

无规则与有规则格斗技的各自利弊

有人的地方就有江湖，有江湖的地方就有争斗。所以，从广义上说，格斗存在于生活之中。

就像自然界在进化一样，格斗技术也在不断发展，只有最强的技术才能生存，这是不以人的意志为转移的客观规律。但是，人们有一个办法可以让技术发展偏离自然轨道，就是增加各种限制，制定许多规则，一旦有了限制，人的复杂感情就会以各种方式阻碍真正的实用技术发挥。

带有限制的格斗项目总是在力量与速度之间摇摆，要么偏于一方，要么两者都做不好。在缺乏实战气氛的环境里，要将两者平衡确实非常困难。那些所谓的特点，其实都能从比赛的规则中找到根源。例如，职业拳击手被禁止腿击这个最重要的重击武器，因此，他们必须发展拳法重击，让拳法形成一个基本完整的体系，尽管这样做代价很高，限制性很大。跆拳道更是规则的产物，由于禁止重击和缺乏坚实的基本训练，腿法在这里几乎成了表演，完全丧失了有威力的重击和攻势。在真实的格斗中，只有整体的攻防才是重要的，一切技术趋向都要由实战来决定。

很多限制性的格斗项目都能在某个单项上求精，例如，拳击注重拳法，摔跤注重摔法等等。要想训练出最强的拳手，只能通过严酷的比赛环境，严格的训练方法以及实用的格斗理论，除此，别无他法。这一点，有规则与防身术有其相似之处。如果能安全轻松地取胜，任何人都不会去研究决定生死攸关的技术，拳击、泰拳这些退化了的格斗都不同程度地对比赛进行了严格的规则限制。事实上，

只有从真实的环境出发，才能得到真正实用的技术，也只有在真实的格斗环境下，各种技术才能“适者生存”的进化与发展，否则，只能在规则限制下扭曲畸形地发展。

有规则格斗技的禁击内容

将中外几种常见搏击项目比赛规则中的禁击部位、禁用方法或犯规动作简介如下：

❖ 散打

【禁击部位】后脑、颈部、裆部。

【禁用方法】

1. 用头、肘、膝和反关节的动作进攻对方（注：有些比赛已允许用膝）。

2. 用迫使对方头部先着地的摔法或有意砸压对方。

3. 用腿法攻击倒地者的头部。

【技术犯规】在比赛中大声叫喊。

❖ 拳击

拳击比赛中经常出现的犯规行为如下：

1. 用手臂搂抱对方的头颈部。

2. 用手臂夹住对方的手臂。

3. 手抱住对方，另一手击打对方。

4. 攻击对方腰带线以下的部位。

5. 用臂击打对方。

6. 用肘关节击打对方。

7. 攻击对方的后脑或后颈部。

8. 揪住对方后进行击打。

9. 对方倒地时继续击打对方。

10. 使用摔法摔对方。

11. 踩住对方的脚击打对方。

12. 用双臂抡动击打对方。

13. 用膝部顶撞对方。

14. 用头部顶撞对方。

15. 击打对方的后背。

❖ 泰拳

泰拳比赛中的犯规行为：

1. 将对方击倒后，仍继续扭打、抛掷、撞击或向对方吐痰、口咬、足踢等。

2. 插对方的双眼。

3. 用擒拿手法反扭对方关节。

4. 攻击下阴。

5. 锁对方颈部。

❖ 跆拳道

跆拳道比赛中的犯规行为：

1. 用膝盖攻击对方。

2. 将对方故意摔倒。

3. 故意攻击对方阴部。

4. 用拳攻击对方颜面。

❖ 空手道

空手道比赛中应禁止的招式与动作：

1. 以贯手或开手，朝脸部或阴部攻击。

2. 上肢和下肢部位以外的直接攻击。

3. 朝脚胫直接攻击。

4. 对股关节、膝关节、脚背的直接攻击。

5. 无意义地抓拿、扭成一团或暴力性的撞击。

6. 危险的投技（抱投、逆落等）。

好了，不用举太多的例子，毫无疑问，它们都是规则禁用的。为了观赏，为了公平，同时也为了安全。而“无规则超级格斗技”则提倡打破一切规则束缚与限制，或者说得更明白一点：没有任何规则。

对防身术的最好诠释是两个著名人物的惊人一咬。其一是李小龙，李小龙在解释什么是截拳道时，曾举过这样一个例子：“在《精武门》中我与罗伯特·贝克对决。他曾用腿锁住我的颈部，使我无法动弹。我身上唯一能动的只有嘴，于是我便咬了他一口！”其二是泰森，泰森对霍利菲尔德的惊人一咬，不仅让霍利菲尔德本人终身难忘，而且是泰森对拳击规则的本能超越。当然，无规则只能用于你死我活的战斗，在比赛中是绝对不行的。那么，由此我们不妨再举一个例子：当年日本人侵略中国的时候，八路军与日本鬼子拼刺刀，拼不过就开一枪，日本鬼子说八路不守武士道。的确，老八路是不符合武士道规则，可是你们日本人为什么跑到中国来杀人放火呢？可见一切规则都是相对的，守规与违规也是相对的。

第二章

防身术基本知识

当你遇到暴力攻击的时候，为了保护自己，就要懂得一些防身的招法。

防身术基本是站立的姿势，也就是武术上常说的应战架势。首先，一只脚踏出一步，并轻跃着地，使你的姿势成为侧身，膝部稍微弯曲而有弹性，重心要在脚尖。这样做的好处，既便于进退自如，又减少被击面，相对安全得多。其次，手臂架势的摆法可用拳击的前后拳势，即格斗界所说的长短手，这是上部防御的最佳姿势。这种架势，手臂会自然起到护卫的作用，可以因此封闭自己的某些要害部位，如面门、胃部和肝脏等，即使不动也可阻止和迟滞来击，被打在手臂上总比打在要害上好得多。这种姿势还非常有利于格挡对方的来拳。

不过，你也不必要像拳击比赛时握紧拳头，也可把手掌展开。这样做可以增大防护面，可以最大限度地保护自己的面门，但要从

掌缝间注视对方的动向，随机应变。再收领弯腰，侧身稳立，即使你受到脚踢也不必害怕。

只要你的要害部位被守护住了，你就能够伺机进行反击了。上面是单从防御上说的，当然，这种架势也利于发力反击，如踢腿和拳击。

凡是想提高自己格斗的能力，必须养成膝部放松、保持弹力的习惯，这是在格斗应战时，能够成功应付对方动作的必需条件。

因为在对抗时，膝部适度弯曲，非常便利步法的进退，启动快捷利索，想进即进，想退即退，蓄势待发，再者也便利顶膝、踢脚，打击对方。

如果采取膝部僵直的架势，你试试你的反应和灵活性，肯定大打折扣。所以要保护自己的身体时，便需要放松两膝，保持弹力而站。

当然，平常大可展现修长、美丽的腿部线条，但一旦被人找上麻烦，还做那种无防备的姿势，是极易受到对方攻击的。

两膝放松、保持弹力，成侧身架势，脸稍微向下，颌部拉紧，眼睛向前盯住对方，紧靠胸前举起两手，做防御态势就安全了。如果从正面看下来，这个姿势即是在两脚底中心与臀部恰好构成三角形，而膝部也具有弹簧与缓冲的作用。

当你被恶徒找上麻烦时，需怎样从座位上起身站立呢？

如果你疏忽而使用两脚并排站立，是颇为危险时，进退不灵，空当太大，只要对方朝你胸部一击，必然后倒；如攻击你的其他部位，你也不易躲避，势必受到很大的伤害。使用如此被动的应战架势，更有碍反击了。

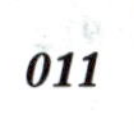

那么，怎样站起应战为好呢？

就是你从座位站起来的时候，必须同时做出攻防兼备的应战架势。因为你起身站立是准备自卫，说明有人正在挑衅，所以首先这个架势要能够防御，使自己无懈可击。再者，防守得再好也不能战胜恶徒，同时也要为反击的进步和发力提供便利。

两脚并排起立的姿势，无论如何是最危险的。在弯腰屈膝的前提下，再顺势把比较灵活的一只脚踏出一步站起身来，才是最为恰当的，也是非常安全的。一般人习惯使用左脚，就把左脚踏出一步，用左手拍着左膝盖，同时站起来，如此协调一致，轻灵利落。站好这种架势，任何对手都不必惧怕。

然而，如果你试一试就会知道，这个动作看起来很简单，但实际上并不容易做到。为了自然地做到这个动作，有必要在平常养成习惯。如你在火车或公共汽车上，要从座位站起来的时候，只要先用手掌拍打膝盖然后站起身就可以。以此动作站起来时，自然变为侧身而肩膀突出的前倾姿势。

任何一个守法之人不与别人发生任何龃龉而始终和平共处是最好的事。自我防卫术的真正意义，在于控制被找上麻烦以致打架的情势。

所以当你到餐厅用餐时，不宜坐在入口附近，而是坐在角落能够观望全店的地方，这样做的目的是减少被找上麻烦的可能。因为在入口那里，过往的人多，很乱很杂，因而容易发生的事情也多。

当你遇到恶徒的时候，如果有办法不让对方受伤而令其退却，那是再好不过的事了。为做到这点,应该虚张声势夸示自己是个高手。

以从座位上站起来的态势面对他，侧身，前面一只腿的膝盖放松并保持弹力，然后两手搁在膝上。这个姿势真是无懈可击，对方会无从下手，茫然不知所措。

你只要维持这种姿势，等待对方改变动手的主意就可以了。

武谚说："眸子练得精，打人占上风。"这句话是很有道理的，是实战的经验总结。

李小龙是功夫的高手，能轻松地避开对方快速地拳打脚踢，然后喝一声就把包围着的众多对手接二连三地打翻。也许电影的表演有夸张的成分，但像他这种修炼水平高超的人，能一眼看出对方的动向，实在不足为奇。

因为散打选手的长期训练,对于对方的动向几乎能够察觉。当然，对于外行人不能要求那么多，但如果知道诀窍，便能察觉对方的动向到某一程度，那就要注意对方正在看你身体的哪一部分。对方准备发起的攻击，他的眼睛一定去看目标，所以只要看其视线，就能预测或察觉其用心。

其次，要注意的是对方摆在后面的手或脚，因为一般人不管是踢还是打，用的大都是摆在后面的手脚。

但要注意的是，千万别让对手虚假的眼神或假动作给欺骗了。

知己知彼，才能百战百胜，这是一个真理。

在散打或拳击比赛中，选手都要在赛前收集对方的资料。当然也有得不到对方有关情报的，他们会留意当对方被点到名向赛场中央走去时的走法，以判断对方的强弱。

这种观察是：如果对方的走法是将重心放在脚跟上，且稍微有向后仰的姿势，那就是虚有其表的人。只要向后推一下，他就会失去平衡，这是因为其上半身多余地绷紧，而下半身疏于防备。

若是格斗术高强的选手，其重心会稳稳地放在脚大拇指、小趾、脚掌心三点所构成的三角形上。这类选手从其将体重放在脚尖、身体稍微前倾的走路姿势可以看得出来。

当你要用自我防卫术的时候，最好也以此相同的标准看准对方

的强弱。

另外，从站立的姿势也可以判断，齐脚站立的对手一定是不懂打架的人。

反之，膝盖前后张开、采取侧身态势，向你走过来的对手，是必须严密提防的。

请你观察一下猫打架：猫各有一定的活动地域，不喜欢别处的猫侵入自己的范围。如果有侵入者出现时猫会怎么做？它会先一面低鸣，一面竖起全身的毛，把脊背高高弓起。如果侵入的猫不是勇者，大体上会被这种气势压服而悄悄退却。

从这个例子可以得出这是不战而胜的技巧。技击家认为你在防卫自己的身体时，应该多多选用这种威胁的战法。

具体地说，假如有一个醉汉突然站起来走近你的身边，一边说“嘿，你这家伙怎么这样讨厌呀！”上来向你找碴儿时，你就向他挺出肩部，做侧身架势，瞪眼狠狠向他盯上去就行了。如果对方是稍微怯懦的人，你用这种示威动作就会让他丧失斗志。

万一对方虽然有一点害怕，但还不退却，你就慢慢地从下往上站起来，耸肩面对他。这是一种装腔作势的表演，不管打过打不过，先吓唬一下再说，如果对方因此而退却，那就好了。

一些武术秘诀讲：“要看住对手的拳脚！”这句话就意味着与对手实战对抗时，如果看对方身体的全部往往会被迷惑及欺骗，所以应该专心注视他拳脚的动向，这样才能判断他的攻击方位，早做准备而稳操胜券。

这句话不无道理，但这只是对训练有素的武术高手而言。如果你是一个武术外行的话，就难以捉摸其中的玄机，武术高手的拳脚动作相当快，而且破坏性很大，就是再睁大眼睛企图掌握武术高手

的拳脚动态，也是枉然的。所以如果你不知深浅，硬与武术高强的男子作对，可能会受到莫大伤害。

那么，万一不幸与武术高手发生不快，除了逃跑或者找人帮忙，就只有靠言语技巧来防护自己了，千万不要逞强而碰硬！

首先，你要分析产生不快的原因所在，自己有理还是没有理。自己有理，要辩论清楚，以理服人；自己没有理，赶紧道歉，如死不认错，必遭不测。

再者，要记住真正武功高强的人极少去欺负弱者、随便伤人，所以你还可以使用富有技巧性的语言赞美他，如这样说："你是高手，哪能与我这样的外行人打架呢？"等，目的是使对方觉得他是强者，他不应该欺负弱者，如果那样做了就不是真正的男子汉。让他产生收手的心理，不再出手伤你，那你就可避免一场惨败。

武的意旨正如字面"止戈为武"所示，练武的人万万不可在外胡乱打架，伤及无辜，尤其就一个武术选手而言，期冀自己能一段一段地进步，以臻武术至高境界，便绝无与人打架而自毁前途的道理。

当然，你也会碰上这样的人，他不知道越是高手越要谦虚的道理，只见他在嘴中叫喊道："我是武术三段，如果有种就到屋外来！"这样向人家挑衅的人，大概是在小时候学过一点武术皮毛，不知天高地厚、没有一点修养的人。如果是这种程度的对手，你就可轻易地保卫自己，所以你就不必害怕了。

再者，若是交起手来，学过柔道或摔跤的男子绝大多数会抓起你衣领，企图施展他所擅长的几个招式把你摔伤，这时，你只要一屁股坐下去即可，坐在地面或凳子上。

就是一位格斗专家，也很难把坐下去的对方摔倒而伤。如果是比赛，或许会采用"地趟术"，即卧着战胜对方的招式，但在外面，对方会和你一起在地上打滚。另外，你随地坐卧，好像屈服了，如果没有大的矛盾，对方一般不会大打出手，放弃算了。

这是外行人不得已使用的方法，但绝不是教你一遇侵犯就瘫卧下去。你要随机应变，伺机反击，不能老是被动挨打。但如果是高手就不必这样，所以你要多练练功夫！

当对方莫名其妙地向你找碴儿时，你最好还是用语言来安抚对方，了结麻烦。若对方还不肯收敛，继续威风凛凛地叫骂不已，并抓起你的胸口时，那就无可奈何，只能反击了。

可以一面说“抱歉”，同时沉身下蹲，然后将对方踏出的前面脚踝稳稳夹在两膝中间，再说一次“抱歉”，而以全身重量向前推拱。如此一来，对方必定会往后仰倒。

这种制敌招式是弱者制胜法，诀窍是把脸膛搁在对方的膝部，然后向前倒下去。无论如何，这是一面赔礼，一面进行的动作，从任何角度看，都是一种最正当的防卫了。

学习拳击方面被禁止使用的出拳法，对于防卫身体也很有用，因为这些拳法杀伤力很大。

例如，双边勾拳，可以说是被禁止使用的代表性拳法。记得双边勾拳被禁止是在1930年，在那以前并没有被禁止，这种拳法是世界无敌的重量级世界冠军乔·鲁伊斯的得意绝招。

我们知道，人的头部受到打击时，头盖骨里的脑髓会被振动，但一般而言，只要力量不是过大，片刻后就会恢复过来。而如果从两边同时受到冲击的话，脑部就难以承受和恢复，一下子就能把人击昏。

鲁伊斯就是使用的这个双边勾拳，在拳击场上击昏了很多对手，有的对手还引起后遗症，不得不终身坐在轮椅上。因为此拳太过狠毒，

所以就在拳击比赛中被禁用了。

然而，与恶徒对抗，却不是比赛，严重地说可能是生死之争，只要你为了保卫自己的安全，不受非法的伤害，对凶狠的恶徒打出再凶狠的拳也是理所当然，不必讲究禁用不禁用的。为了自卫这种伤害应该是被允许的。

遇到非常危急的情况时，你用两手瞄准敌人的耳门，以双边勾拳重重地来一下，恶徒立即就会尝到受惩罚的滋味。

同样在拳击方面被禁止的还有振动拳，在自卫防身时也可借鉴使用，作为打击恶徒的救命绝招。

振动拳，威力很大，所以拳台上被禁止。当你遇到危险时，你只要在挡开对方的攻击后抓住机会，给恶徒这样的一击，一招就可把其击溃。即使你的功力不够，也可得到充分的逃亡时间。

功夫高手李小龙最善于使用这种拳法，快如闪电，犀利难测，并且杀伤烈度很强，请多看看李小龙的功夫电影，肯定会提高你的出拳技术。

镰刀这个工具，用于农作物的收割。但是，你知道在人类身体上，哪个部位可以像镰刀一样具有独特的实用效果吗?

你将手指关节弯曲，把大拇指稳稳搭在食指上，固定为锐角的形态，它就会发挥镰刀的作用，既可使手腕的力气倍增，又可增大手法的控制面。这在武术上有个专门术语叫“勾手”。

例如，当恶徒说东道西向你找碴儿，并抓住你的胸口时，你就立即闪电般用手腕“镰刀”，套住对方的脖子，向前猛劲搂打，大力到处，对方栽趴。

然后，你可再根据防身情况的需要，用脚踩踏其膝部或背部等部位，把对方牢牢地钳制住，迫其屈服。使其失去行凶能力。

手腕“镰刀”还可勾挂对方来踢，当对方用腿踢击时，以此手法正面或者翻转接住，向上猛提，可致其踉跄不稳。

和手腕一样的，脚踝部分也能构成镰刀状，使用这个“镰刀”扫踢对方的膝关节，可使之摔倒，效果很好。

刀有“刀身”，它是指离刀尖三寸处，刀幅开始扩大的部分。刀是用这个部位直接与待切的东西接触，而刀尖、护手附近是不能切的。

手臂也有相当于刀的“刀身”部分，用手来比喻“刀把”，手掌前段部分是“刀尖”，手腕踝骨的突出部分就是“刀身”。如果没有锻炼，用手切东西几乎没有威力，弄不好反而还可能伤到小指的关节，但这个“手臂的刀身”非常强，即使没有受过锻炼，也显得坚硬无比。所以，你可把这个手腕的“刀身”，即踝骨部分，利用于自我防卫术。

例如，在酒店进餐，当有人越过桌子抓住你的胸口时，你用手腕的踝骨拉锯子般反击其手臂也可以，或直接打下去也有效果。要挡开对方伸出来的手时，如果使用手腕踝骨，对方所受的损害会更大。向上或向下均可，但向下的力量大得多，也方便使用。

用大拇指边的骨突出部打击对方肘上会发麻的部位也很有效。

即使一个擅长摔跤或者柔道的高手想摔一个卧下的人，也没有多好的办法。在实际的比赛中也完全一样，对于坐下去的对手，你只有施用躺着战胜对方的“地趟”招式，或等待裁判命令“站起来”，然后再行攻击。

面对这种情形也有一个绝招：突然把手指插进对方的裆下去。当然这是犯规的动作，所以必须提防被裁判发现。如你掌握好时机，把对方拉起来，可顺势再摔倒在地。这种恶作剧的招式，对于处于非常危急时的自我防卫，也会有帮助。我们要知道一个人的下阴是

不能锻炼的一个部位。

不能锻炼的部位，武术术语称为“弱位”，也可划归为“要害”的范畴。其他不能锻炼的部位还有眼睛、鼻子、耳朵等，即使你再强壮，这些部位受到攻击时也会很容易受伤。

先说眼睛。对于犹豫着是否主动攻击的对手，你可朝他的眼睛突然伸出敞开的手掌，对方就会茫然失措甚至丧失斗志。

对有所行动的对手，你可先隔开来招，然后突然乘机用手指去插或用手背扫击他的眼睛。注意：对眼睛的攻击伤害极烈，重则把人致盲，轻易不得使用！

再说说鼻子。对鼻子的攻击，较为轻缓的可用手掌从下往上用力推上去，致其疼痛。

如需重击，则可使用冲拳、砸拳、摔掌、撞肘等招式，直接对准鼻子发力，厉害非常。

耳朵一般是在辅助攻击时使用，如当对方抓起你的手时，你就用肘向下用力压他的耳朵；或者用手抓住其耳朵，猛力拉拽。这些动作虽然伤害不大，但足可使对方疼痛难忍，叫苦不迭。

如需重击，则可使用肘节拐击，另一只手配合。

不少散打选手在比赛时不喜欢与对方面对面交手，尤其对方长相可怕，眼光凶恶，心里总会有些畏惧，相反的，若是可爱的面貌，却又不忍心放手去攻击他。所以他们一定用手掌或肘节扳开对方的脸。

人类的颌部较一般人的想象更为脆弱，抵抗力很差，不需很大力气就能轻易地将其移向，用力大点，即可致其疼痛难忍，甚或脱臼。请你务必记住这一点，乃是自我防卫术的主要攻击目标。

你在攻击他人颌部时还需牢记另一点，即颌部在由下往上攻击时最为脆弱。一旦颌部被制住，就完全失去了抵抗的能力而告败，这在摔跤或柔道的比赛里可以轻易看到，在动作片的影视里也有类似的招式运用。

当对方伸手抓向你的胸口时，即刻侧身，令其手臂伸直，然后以手势挟制对方的手臂，再顺势仰推其颌部，立可致其后倒。也可侧向推力，致其身斜歪倒。

或者，用手掌推对方的下巴，使其颌部向上抬起，并用一脚前伸，固定住对手的脚跟，另一只手抓住他的裤带或者搂住他的腰向后拉，如此合势合力，可把对方牢牢擒制住，不能动弹。或者，一手抓发，一手推颌，效果也很好。

上面说的主要是贴身纠缠使用的擒拿招法，当然，猛烈的打击对颌部的伤害更是非同小可，侧部受击厉害，下部受击更厉害。如前世界重量级拳王刘易斯，天下无敌，强壮无比，但他在南非的一次比赛时，一不注意，下颌遭了一记下勾拳，刺激迷走神经立即轰然后倒。

如此高手，尚且如此，普通人更难受住。你去看看拳击比赛录像，颌部遭击因此一败涂地者，数不胜数。

贴身近战时，对方的许多关节中，反击擒拿的最佳目标就是肘关节。

攻击肘关节的基本方法是，用一只手固定对方的手腕作为用力支点，再以另一只手从外侧推对方的肘就可以。肘关节如果被弯曲到正常弯曲相反的方向，就会感到剧痛而难以忍受，而且如果用力过大，可致使对方发生滚筋、撕裂、脱臼、骨折等严重伤害。或者一只手固定对方的手腕，另一只手则把对方的肘压住并用力扭转。这一招也很容易做。

对方个子再高大，身体再强健，只要他的肘关节被逆反，他就会有力使不出，而乖乖就擒。

一个人防守的最佳姿势是侧身，并且整个身体稍微向前倾。若是使用腰部伸直的姿势，则必然影响用力、发力。那么，如果恶徒出拳过来打你时，其腰部伸直，你就可以反击该部位。

最简单的攻击法便是缠抱其腰，将自己的耳朵贴在对方心脏一带，并且两臂用力束紧，这么一来，对方伸直的腰部就会陷于瘫痪状态。

当你把对方抱住，想用肘节向下捣击时，你就尽快挺起身体，用肩节把其大臂扛起来，他就没招了。

若是你要从对方背后控制他的腰部，便需抓住对方的两个手腕，以单脚抵在对方腰上蹬出去，同时将抓着的两只手腕用力拉过来。这个动作迫使对方动弹不得。

假如遇敌使用此招，你被从后面抱住腰部时，你还要学会一招反击法破解，方为万全。

首先，将全身的重量施压于对方手臂，一屁股坐到地上，并用肘部击打对方的肘，这时对方会显出茫然或畏惧的神态，你趁此机

会跳到他的背后，抓起对手的衣领和腰带，并用膝盖压住对方足后的阿基里斯腱，即可制之。

你一定还记得童年时期常干的恶作剧：偷偷在小伙伴的身后用肘或膝或脚推顶他的膝后窝，他扑通倒地，你嬉笑不已……

这点也能应用在自我防卫术上。如果能技巧地绕到对方身后，并用脚跟使劲踢向他的膝后窝，使其遭受突如其来的攻击，对方就会往前倾跪。若膝盖严重撞地，便无法在短时间内再起来。

膝部是相当脆弱的地方，难受重击，只要看看自己膝盖便知道，膝盖两边各有一处陷下的部位，用手指用力压迫就会感觉疼痛。若用脚踢，或是以手腕的踝骨加以砸击，那伤害性就会更大。

还有另一地方，就是膝节外侧稍下方，呈干松鱼型的肌肉，这块肌肉与膝关节的运动有密切的关系，也是攻击的好目标。打击或踢击膝关节的这个部位，对方受到冲击会应声倒下，无法动弹。

在古代冷兵器社会里，如果你胆敢骚扰剑术高手，那就是离死不远了，因为，无论何时对方身上都会挂着锋利无比的真家伙。

其实，学过剑道的人也有弱点，那就是他两脚站在一条直线的站姿上，这种站法，对于从横向来的冲击承受力很弱。所以，要从侧面对其展开攻击，保证瓦解其架势。

可以先对他后脚那侧的肩膀用力一推，对方前脚便会浮举，这一刹那抓住那只脚，推向对方怀里，对方必然会一屁股坐在地面。

泰国拳的扫腿技术威力强大，天下闻名，那是因为腿脚在回转运动后加快了速度，增强了力量，另外扫腿攻击幅度很大，不易躲避。

此招是专业选手使用的绝招，他们经过特殊的训练。但在日常防身中并不提倡使用扫踢这一招。

假如外行人使用了扫腿，一来他们的脚踢速度不会很快，很容易被躲开；二易受到格挡；三来他们踢腿时，因幅度太大，姿势多不稳定，易遭反击；四即使踢得很准，因胫骨没有受过专业硬功训练，给对方的伤害也不会很大，反而让自己受到创伤。

那么，为了防身怎样使用脚踢法呢？

对方跑得很快，追你很紧，你想逃也逃不掉，这样的场合，你就快速、猛力地踢击对方膝盖或者胫骨即可。这些地方一旦遭到踢击，必感剧痛，如果踢重了，还可致其膝胫断折，这么一来，你就可以轻松逃脱了。再者，你也可踢击对方的裆部，注意，不是为了救命解危，不能使用本招！

在脚踢技术方面你要记住的是：如果向前踢时，要用脚跟或脚尖踢。尤其用脚尖踢穿透力更大，但要看自己的功夫，或者鞋子的硬度。

多用脚踢吧，它是“看家的宝刀”，抓住机会，用脚狠狠踢他一下，他一定会哎呀一声，在刹那间蹲下去，不再逞能。

假若突然被恶徒抓住了你的上膊，这个时候你不要过于心急，解脱的方法很多。

如果对方从前面抓，你就把手臂向后甩；如果他从后面抓，就向斜前方甩动，只做这个动作，便能轻易地使抓住你上膊的恶徒松手。

即使上膊被牢牢抓住，肘以下的部分还是自由的，所以把被抓住那只手臂的前臂大幅度地从外侧向内侧，或从内侧向外侧转动，也能轻易地甩脱对方的手。也可将没有被抓住的那只手，按住恶徒手肘的内侧，然后加力压迫其手臂，对方就会发出惨叫。如果你利用手腕的踝骨则效果最佳。或者将你没有被抓的那只手的手掌，搁

在对方抓住你上膊的手肘外侧，然后你用被抓膊的那只手按住其手，将对方的手拖过来。此招可使对方背向自己而陷入被动。

那些自认功力不足的恶徒，往往会来势汹汹地抓住你的上臂。这个时候选择这些招式，冷静地防御，你就能达到自救的目的。

第三章

防身术实践

削弱拳力

我们都知道，在打架的时候，如果从正面受到对方的拳击，伤势必然严重，但若是击中的地方偏离拳心，所受的伤害也就轻多了。

那么，怎样闪开对方的出拳呢？

这样做：当对方挥拳过来的刹那，你可将脖子向右、左、后、斜后方等任何一方尽量闪动，只要采取这种动作，就可以帮助你避开或减少拳击的伤害。如果来拳势大力猛，你还要配合腰节的扭转，或者步法退让。外行人的拳击，只有突然袭击过来的第一拳是可怕的，从第二拳开始，由于你已习惯其架势，防御也已经准备好，并不那么可怕。只要减少打向你的第一拳的伤害，你把第二次打过来的手抓住，挟制其关节，便能轻易地把对方制伏，你也得到了自救。

抓手下袭

古代存留下来的剑道秘籍，其中有许多要诀对于现代的防身术也很有益。如“胸有激雷，面如平湖”“剑客有成，不受犬吠”等，修炼武道者请多体悟。

狗是很敏感的动物，对于意气高扬、杀气腾腾的人一定会叫个不停，因此不被狗吠，就表示意气平静、心静如水的状态。这种境界唯有修炼有成的剑客才能做到。

散打、拳击、柔道、跆拳道等高手认为，如果是一个真正的强者，绝不会是意气行事的人，同时也不会随意向外行人挑衅儿。只有略懂格斗术的男子，才会炫耀自己的高强，而向无辜的外行人找碴。在你碰到拳击突袭的时候，首先要看准对方出拳而来的手，并一把

将这手抓住，然后一面拉他的手，一面快速转到他的身后，从股间向里去掏他的下阴。

下阴脆弱，一触即疼，对方必然快速伸手，本能地阻挡，企图拦开你的手，这时你便可乘机握着恶徒的手，使招制之。

这个招法，看似简单，其实非常绝妙，如果你用这种方法去进行自卫，就是有些功力的男子也不得不束手就擒。

转腰抱腿

我们都知道一个人遭受到殴打是十分可怕的事情，而被踢打更是恐怖。因为脚踢的力量很大，且更容易袭击男性的要害。万一对方的脚踢中你的要害，你便再也不能动弹，只有任他随意宰割了。于是为了防止对方用脚踢向自己，防卫自己重要的部位，请不要忘记你一定要采取侧身保护要害，并且分散对方的力量。

如果对方的脚自你的正前方踢出来，你必须马上转动腰部，躲过踢打。在踢打之中，除非对方是练过散打或者跆拳道的人，一般外行人的脚踢不高，大概只能踢到你的腰部而已。所以你转动腰部时，对方能踢到的地方，就只限于你的腰骨、腿部或臂部等伤害性较小的部位。

如果对方是个不擅于踢脚的外行攻击者，他向你踢了两三次，身体就会失去平衡。这么一来，你反击的机会到了。

这个时候，你只要把对方的下半身猛烈揪扭过去即可。如果能巧妙地将自己的肩引向对方的腰部，对方一定顺势从腰间跌倒下去。或是你用两手抱住对方腿到膝盖一带，也能绊倒对方。

抓踢倒捧

为了保护自己，遭遇袭击时，你最重要的是保持冷静、身体放松。但大多数人遭遇袭击时都会不自觉地身体僵硬起来，显得无所适从，处于这种状态，自我防卫的效果就会大打折扣。

你首先要做到的是保持冷静。遭遇险境之时，你猛沉一口气，只要这样做，就能消除身体过分的紧张，而能清晰地判断对方将要做的动作。

例如，对方用脚踢过来时，你能顺势将其抓住，他就无法再踢了，你即可专心应付踢过来的那只脚了，将之尽量抬举，如此一来，对方立即失去重心。

如果能绊住他站立的另一脚，效果更佳，要知道人要双脚同时着地才能站得很稳，所以他一腿踢出，一腿被绊，就会轻易地倒下。

网脚反击

你现在明白了对方用脚踢过来的弱点极多，你只要抓住机会就能自救！当然，其中也有脚踢功夫相当好的人，你也许会遭受一两下重踢。如果是这样你也不要胆怯，机会总会到来的。外行人的脚踢比出拳收回的速度慢很多。这么一来，要抓住对方踢出来后收回的脚，是容易的事。你只要把两手像网一般地在面前摆来摆去，对方的脚一定会被你网住。一旦被网住，对方想抽回他的脚，所以你自然地便能抓住对方的脚跟了。然后，可以采用下列方法。

例如，一手抓勾，并且用力向上提起，再用另一只手掌或小臂向下压按其膝关节，他不但跑不掉，还能膝部受伤，歪倒在地。

或者，用肘部猛力朝对方的膝部用力捣砸下去，对方一定疼痛难忍。但是，这个技法效果相当不错，如果你的力量很大，恐怕会使对方的韧带断裂，因此需要注意。

或者，从同样压住脚跟的状态中，只要把对方的膝向后或横方向轻推，就能把对方推倒。

如果能把对方的脚跟拉近自己的肋下，然后向后仰身用力，容易使对方的跟腱断裂。这招更厉害！

用掌遮挡

头骨是人体非常坚硬的部位，所以，用头这块坚硬的骨头去攻击对方，确实能产生强大的冲撞力，如在运用时再出其不意，往往起到一招制敌的作用。

时常打架的暴徒们实际上也常常应用头击的方法，尤其是个子矮小的家伙，从直腰部猛冲上来，头击的威力实在惊人。

为了识破这种攻击的攻势，你必须注视对方的身体动作，因为暴徒在做头击攻势前，必先有个反动作，即缩头收腰，以蓄力待发。

这时你最简单的防御方法是，赶快用两手伸在面前，遮掩自己的脸部。要点是手掌伸开，掌心向外，朝着对方，这样一来，遮蔽面大，不易被对方突击过来，而且还可顺势把其头部推开，并乘机反击。

如你力量足，有技巧，也可用一手遮挡。

若对方头击过于猛烈和突然，你就不必遮挡，直接后退，或侧避闪开即可。

另外，从武术精技的角度讲，头击并不是高明的招法，因为头撞攻击距离较短，速度较慢，虽坚硬有力但不易中的，再者进攻时

PEAK

SPORT
IN THE AIR !!
Let's
Shaking
LOOK
AT ME !!

眼光受限，太阳穴和面门容易遭到反击。即使不被反打，一旦被闪开，突然失去撞击目标，容易前栽，伤及脸面。

但不懂武术的小流氓惯用它蓄意伤人，我们知道怎样破解即可。我们有武术心得后并不提倡头击之术。

侧身压制

高个子虽然很威风，但他的脚周围却有很多可乘之机，所以，即使你被高个子抱住了脖子，你只要反击他的脚四周就有逆转的机会。

而当你的对手是矮个子人时，怎么办呢？

为了预防其头击攻势，你可先摆好侧身架势，以避免他撞进你的怀里，伤及你的下巴或者心门。

你也可用一只手伸出，压制对方头部。如果对方拨开你的这一只手，你就用另一只手去压住对方头部。如此反复几次，对方就会无计可施。

此时，你立即乘机把他诱入你的怀中，这时的要点不是抱紧他的头，而是伸手越过背部去抓住他的腰带或者背后的裤子，只要抓住就能轻易地达到目的，如果你再向里猛拉，对方就会陷进痛苦的深渊。

而如果对方还蛮横地抗争，就朝他的膝盖踢上几次，或用另一只手重打他的肋肋部，直至暴徒屈服求饶为止。

蹲身提防

许多大个子与小矮个交手时都有失败的经历。败给对手的第一个原因是看轻对方，认为对方个子小而心里轻视。上一招里，

已经着重提到这点。

其次，大个子由于轻视对方，对所站着的地方不加选择，一旦遭遇攻击，无从躲避，所以损伤较惨重。当你面对矮个子时，如果后面有障碍物而不能闪避，挨上一记头击是很可怕的。

假如对方头击过来时，你无处可退，怎么办？便是狭路相逢勇者胜了，即将自己的身体蹲下，下沉重心，扎实桩步，以硬碰硬吧！用手掌或者肘部硬顶住；实在没办法，干脆头与头相撞，这就是互撞，看谁的头更硬，有时候反而会使对方受到伤害，总比被动地受一记重击强得多。

以上这类招法都是以矮个子的头击为防身范例的，其实矮个子还会利用其他招法突然袭击，高个子的下部要害是矮个子的突袭目标。所以你是高个子要发挥手长力大的优势，不让矮个子近身，他就无计可施了。

护住勒脖

勒脖子虽然是厉害的招式，但必须做得恰到好处才能发生效果，

实际上，一般人勒脖子攻击 10 次之中，能有一次成功就算很好了。当然，武术的高手，尤其是柔道的高段位者，都能准确使用勒脖子技巧。

有一些恶徒可能神不知鬼不觉地使用这一招，使你在瞬间昏倒，为了免受其害，一定要高度警惕！

下面给你介绍两招非常实用的勒脖破解术：

1. 当你的脖子被勒住时，必须立刻缩进自己的下颚。

2. 或者把脖子侧向一边，即以脸部向肩侧收缩。

使用这两种方法中的任何一种，必能阻挡对方的手臂或手指进入你的脖子附近，即使上段者也不能达到让你气绝的目的，何况是外行人时，那你就不用怕了。但都要反应快速，并且使脖颈筋肌紧张起来，以增强抵抗力，可防不测。

压肘反制

从正面而来的勒颈攻击，当对方尚未使出全力勒紧之前，你先

将你的脖子弯向前方，然后利用反弹作用，把脖子用力向后一甩，就能轻易地挣脱纠缠。

若恶徒的勒法非常强烈，你就用两手像遮盖似的压住对方双肘，然后再将全身重量集中于此就可以了。或者你瞄准对方两肘易麻痹的部位，用手掌把它们自外朝内捻转，用力使它们撞在一起，或是把对方两肘的外侧部分向上一弹，这样你就能自救了。

扒颌擒跌

身材高者和矮小者相比较，哪一方强呢？如果这样问，很多人一定会回答："当然是身材高大者。"

然而，实际上矮小者战胜高大者的情况却是大多数，原因是矮小者的腰部位置较低，腰部低也就是重心较稳定。

如果矮小者能把自己的腰靠近高个子的腰边，就不难把对方摔倒。在很多矮小的格斗者中，他们遇到比自己高大的对手，内心反而觉得胜算在握。

但是，话说回来，如果你被比自己高很多的人找上麻烦时，多少心里还是不安的。而对方一看到你退缩，便会走近来抱住你的脖子，他所施展的就是武术上常用的"胁下勒脖"招式。

此时，你不要害怕，反而应当抓住反击的机会。你用靠近对方的手臂向上抬举，将侵袭而来的手臂盘起，并插入对方的颌下，用力向后一扒，同时，趁对方的力量涣散之际，下面配合用脚抵住对方的脚跟，向下合力，即可将其擒拿，如果你想把他放倒，加大下勾上扒的力度与幅度，他即应声而躺。

如果你的手无法插入及扒住对方下颌，就将手顺势下沉，从对方前面猛力朝前一扑，也能达到伤害对方的目的，既可致其前趴，并可折伤其手臂。

扳脸扒头

有的恶徒一上来就可能会用手臂绕住你的脖子，你为了保护自己，即可施展一招"扳脸扒头"。

Let's
Shaking
LOOK
AT ME!!

脸部作为目标比颌部大，不宜脱手。此招和上一招可以互相参考运用。

当被勒住脖子时，用最靠近对方的手掌从其后面绕过去，然后扳推对方的脸部，即可迫其脱手。

如果这时对方挣扎着想把脸扭转回来，正好给予你进一步打击的机会。你把手腕抽开并翻转，从其脑后猛力向前下扒推对方的头，对方受力便会随之前栽，重重地撞击到地面或者是别的东西上面，在公共场所你也可以利用桌子或者柜台，让他受受罪。

在自卫防身时，就是受到对方“胁下勒脖”的攻击，也丝毫不用畏惧，你只要使用“扳脸扒头”这招，对方就会受到不小的伤害，而不敢再闹事，乖乖地走掉。

擒拿手指

人体的许多关节中，以手指的关节最脆弱，所以，当你要保护自己的身体时，应集中力量攻击对方的指关节。

例如，对方抓住你的胸口叫骂时，如果能够即刻握紧其小指你就有恃无恐了。此时，只要将该小指用力到反方向，对方就会剧痛失力，因而投降。不过，扳小指也有诀窍，得将对方的小指根部作为用力支点，以便控制对方。

擒拿对方的手指，使其屈服的方法还有很多，像握住大拇指以外的四只手指，用同样要领扳到反方向，也是一种有效的方法。这都是以反关节制敌的原理。

如果对方扼你脖子，你就将手掌掩在对方的手背上，使劲握其指头第一关节的前端，如此对方的手指便会感到剧痛。进而把那只手拉扯到你的前方，用肩膀挟制其肘也很有效。

若是从后面被抱住了，就用两手牢牢擒抓对方抱着的手，然后用力扭转其手腕，便能给对方强劲的伤害。

手指关节实在是人体相当脆弱的部位，你只要攻击这里便能自救，千万别忘了这一招，关键时候可以使你转危为安。

扭折手肘

我们胸口的衣服最容易被抓住。大体上是一方一面叫骂，在叫骂的同时一手揪住对方的胸口衣服，怒目瞪视。

如果是气力不足、胆气不足的人，一旦被对方揪住就有点害怕了，显出弱势以让对方放过自己。对方心软放手了，也就息事宁人了。

如果对方喜欢打架，来势汹汹就是不放过你，并且还要对你加以后续的攻击，你该怎么办?

这个时候你不要怕，因为怕也没有用，他已狠下心来要打你，自卫反击是上策。

既然要对抗，那反应要快，反击要快，其伸出来抓住你胸口的手臂，对于你来说，正是绝好的攻击目标。

反击的你要把力量对准对手的肘关节曲折部位，最简单的招数是，当对方准备抓你胸口的时候，你一面喊“不要动手”，一面利落地拨开对方伸出来的手腕，然后用另一只手拍击对方手肘，再往反方向扭转过去。肘关节一旦往上举，则上身就会失去防卫能力。

你在使用这个招数时，要出其不意，才能达到好的效果。你只要懂得要领，就很容易使用这样的防身术，进行自卫。

双掌挟擒

观察对方伸出来抓你胸口的手臂，就能知道对方的力量有多大，就能判断出对方是不是对搏击进行过专修的人。

当对方伸出来的手肘，伸得笔直时，这个人就没有什么可怕的，这个人在搏击中是个外行人。你只需利用上述手法就可以击退他了。

如果对方伸向你的肘部弯曲，而且两胁收紧，就要注意这个人有一手，你就得全神应付了，并且一定要提防他可能对你发起的连续攻击。

从人的一般使用习惯而言，抓人胸口的手多数是右手。右手在前，比较顺手顺势。

这个时候你可以先退一步，如果对方用右手向你抓来，你就用右手挡住其手腕，左手放在其肘部外侧，两者只要用手掌轻轻挡隔就可。

然后把左手拉向自己的方向，对方一定会向后转，并朝前方倒，这样就够了。这样对方的手腕已经受到你完全的擒拿挟制，所以再也不能做出其他动作了，也没有挣脱的方法。

如果这种纠缠发生在繁华街道上，你可以暂时维持这种状态进

PEAK

行等待，这个时候一定会有人叫警察来解围。

这种技巧并不是要你握住对方的手腕和肘关节，而是用你的手掌进行按压。注意这是关键所在，在外行人看来，总以为抓住对方比只用手掌按压要有力许多，但事实上却是完全相反的。就对方而言，挣脱被握住的部位是很简单的，而想逃避手掌的大幅按压就不容易了。

我们要知道以肘为首的一切关节，可向某一方向自在地弯曲，但绝对无法朝其反方向弯曲，你只要对这极平常的事实进行巧妙利用，就能得到意想不到的收获，因为在这里有制住对方的关节、逃过攻击的一切原理。

顶撞栽跌

当你被比你个子高大且体力比你强壮的人，将你骑压在下面时，你不能气馁，而放弃抵抗。你放弃抵抗就能获得绝对的安全吗？不一定，有时候誓死抵抗反而有一线生机。

在柔道和摔跤比赛中，有时便故意显现让对方有机可乘的迹象，以此来诱引对方摆出骑压架势，然后就在他得意忘形时施展这种招式，对方就会败下阵来。

虽然自卫反击与比赛不完全一样，但你再想想，一旦躺下来，你除了双手外，还能自由地使用两只脚，这个时候你比站着时还增加了一倍的武器，况且脚力比手力大很多，这样一来，你就根本不用害怕对方的骑马压制法了。

在施展这一招之时，你先让你的两脚像钟摆般，左右用力摆动，这种动作可以让对方的上体变得不安定，然后乘此机会，压住对方扼着你脖颈的手腕，并用一只膝盖猛力顶撞对方的脊骨或者臀部，如此可以把对方从你头后摔出去，用好了，对方立即轰然碰地，头破血流。要诀：防止被扼，动作要快，发力要狠！

顶膝拢肘

很多家庭都受过梁上君子的光顾，如果碰巧的话，还会狭路相逢，引起一番搏斗。这种遭遇不能说是杞人忧天，所以一定要学习一些防身术。厮打的过程中，被盗贼摔倒，受到骑马势的压制，怎么办？

面对这种情况时，你双脚依钟摆的方式运动，并看准时机，以膝盖猛力地顶撞对方的腰际软肋，轻可致其疼痛难忍，失去力气；

重可把其肋骨撞伤或撞断。如果此盗贼并不十分顽强，大体上在这个阶段就会屈服。

万一对方是个颇富打斗经验的盗贼，不畏于你的抵御架势，或者躲开你的大力顶膝，再度骑上你的身体。这一次对方可能更拼命，所以又回来扼你的脖子时，你要用两手将对方手肘的部分向横侧紧束，用尽力气直至其两肘靠拢为止，然后抓着对方的两肘向横侧倒。因两肘完全受到遏制，所以对方一定不能动弹。

你利用这短暂的时间大声呼救，以求援助，同时盗贼也会因此心虚，赶紧放手，溜之大吉。

擒拿肘节

擒拿中的关节抓压法是保护自己身体的最佳招数，其特征是利用反关节原理，如手指、手腕等，一旦被折被扭，周身难动，并且疼痛异常，用上大力还可致其残疾，所以即使被逼迫到相当不利的状态，只要运用得当，就可以以弱胜强，甚至一招制敌。

当然，在技击之中除了手指、手腕，其他任何的关节也都可以发起攻击，只不过手指、手腕较为纤小，不需大力即可致伤。在生活中有很多人的身材矮小，但在格斗之中却十分厉害，这就是因为对于关节攻击的技巧使用得心应手。即使你被打架能手攻击，并且被逼迫到生死边缘，如果能准确地设法抓住对方的关节，就有扭转乾坤的机会。重要的是你在任何时候都不要轻易放弃，要沉着冷静，伺机而动。

假设你被无赖突然摔倒，且遭骑马势的压制，而对方又是蛮力十足，这时你不要慌张，对方的来势愈凶猛，其颌、肩、肘等可攻击的关节便愈接近你，这么一来，即使你胡乱挥动手臂，也可能抓住对方其中一个关节。

SPORT
Let's
LOOK AT ME!!

如果对方正要出手过来，而你能有技巧地抓到对方压住脖颈的那只手的外侧就可以了，你就用两手或一只手用力推其肘部，使对方失去平衡，脸撞地面，而一般出现这种局面对方就会屈服。万一对方不服，仍想抵抗，你就将其手腕紧夹在脖颈和肩膀之间，并再次用力推压肘关节的外侧，对方愈是挣扎便愈痛苦。

如果对方用两手向你的肩膀强压下来，就用右手将其左肘关节外侧往内推，用左手将其右肘关节外侧往内推，使之交叉，然后抓住对方的手腕，推倒对方，立起上身，就能完全制伏他。这个招式和前面所说的许多技巧一样，只需推压对方的关节，便能轻易地击退对手。

任何时候都不要忘记人的关节弱点，捕捉好目标，突然巧妙地擒拿住，这就是防身术的绝招。

推倒了事

在生活中遭遇醉汉是经常的事情，但也是十分麻烦的事情，醉汉踩着摇晃不定的脚步撞到了你可能会不知羞耻地说："嘿，你为什么要撞我呀？"

如果是在宽阔的道路上，要避开这种醉鬼并不难，但在人群拥挤的地方，便往往令你避之不及。你就不得不进行防卫了。

先要冷静地察看周围，寻找能把那个醉鬼绊倒的适当角落，在街上通常会有稍高于路面的人行道，你就利用该处挫败对方的暴戾之气吧！你可一面用语言安抚对方，一面把他诱到人行道前。

然后，采取障眼作战法，在对方的眼前晃一下敞开的手掌。当对方不自觉地眨眼时，你用手推撞对方的胸膛，醉汉一定会被人行道边缘绊倒，一屁股跌坐下去。也可直接快速推击，酒徒多醉，猝不及防。

如果对方系着皮带，你可以一手抓住皮带，一手推他的颌部，

或者一手探进，搂贴其后腰，再用另一只手推颌，这样都能将其倒地，便能摆脱骚扰。

不管你采用哪一方式，动作都要干净利落，抓住机会，推倒醉汉赶快离开，就没事了。

另外请注意，因为酒徒毕竟喝醉了，这个人不一定就是不可原谅的恶人，所以不必使用杀伤力过大的招数。这些招法就是这样，帮你避开他而且不会产生剧烈的伤害。

扳折拇指

女性在车上受到色狼的骚扰，是件很不愉快的事。如果你是女性，对陌生男人恶意的骚扰，想必也是非常讨厌，但这种骚扰多不明显，有意无意地，令你难以捉摸，往往不加追究，息事宁人算了。

防身术

车上的色狼大都有种想法，认为混在人群中做坏事，不易被发现。何况，就是被发现了，被害的女性也多羞于启齿，不愿声张，所以他们更是放心地去做。

如果你碰到这种恶心男人的过度行为，为了自己的尊严，应该狠狠地教训他一次。

当色狼悄悄地伸过手来摸你臀部时，你最好的报复办法就是敏捷地抓住他的大拇指，然后，用肋夹其手，一面束紧，一面将色狼的大拇指往后扳，色狼势必大喊饶命。这时可提高效果的要诀是，抓住对方的手腕并以之作为用力支点。或者使用抓住对方手指第一关节前端。将色狼的单手手指全部抓住，并用力向反方向推其手腕，高高抬起它。

猛力肘击

最近女子散打和柔道以及跆拳道的开展逐渐受到重视。但在日常护身中不是人人都要去学习上述运动才能进行自卫，如果女性自身体质较好，即使不专门练习武术技击，也可应付一般的搏斗，防止自己受到伤害。

身单力薄的女性容易成为色狼的袭击者。所以，这类女性为了保护自己，务必要学一些或者一定学好防身术，以更好地保护自己。

当色狼抓起你的手臂时，女性一般都会感到厌恶，而将肩膀和手臂左右甩动。为了增加这个动作的效果，你应两手互握，并且抬起两肘，用力左右甩，这样就可增加甩脱的力量。

如果在甩脱的同时，使用肘击，捣击色狼的心窝、软肋或者下巴，做得好，更能给色狼极重的打击。

PEAK

Let's
Shaking

猛力跌坐

对自我防卫有所了解之后，即使是娇弱的女性，也能轻易地击退色狼。

在自我防卫之中女性还有一种独特的武器，那就是尖锐的叫声。当色狼攻击过来的刹那，如果发出尖锐的惊呼声，对胆小的色狼是有吓阻作用的。

但是，据实际遭遇过色狼袭击的女性所说，当她们突然碰到色狼时，大多心跳加快，紧张屏息着而无法出声。所以当你遇到这样的危机时，无论如何都要深吸一口气，这么一来，也就能够大声叫喊了。平常还要多多练习大力发声，总会有用场的。

如果卑鄙的色狼突然从后面抱住你，你就先冷静下来，咬紧牙关，猛沉一口气，然后一面大声呼救，一面由上往下压住色狼牢牢抱住的两手，像因恐惧而站不稳的样子，以全身的重量跌坐地面。此招可以重创色狼的膝部。其要领是向前面投足而跌坐，或是跌坐并同时投足。这时，如果把你的两胁夹紧，则给对方的伤害会增大。

无论如何，色狼双手完全会失去自由后，便无法向你进一步施暴了。

猛力坐下

如果从后面被人抓住头发时，不管是男还是女，最危险的是，由于猛然遭袭，身体不自觉地紧张起来，就会出现向后直挺挺摔下去的情形，这很有可能伤及你的后脑部。

你应该这样来对付：当恶徒从后面抓住你的头发时，你先向后退一两步，然后一屁股跌坐下去才是好办法。

一旦跌坐地面后，你再将一只手伸进对方两腿之间，用力推暴徒的膝关节，使他猛跪下去，这是最简单的一招。如果对方仍紧紧地靠着你，你则可将一只手从他的两脚间伸进绕向其脚跟，再用手腕压住任何一只脚跟，同时向其膝盖加重用力，并将自己的身体往后倒，这样就可把其摔倒。

双脚锁肘

当遭遇色狼力大时，女性的反抗未能防止而被摔倒在地，即使当他向你压过来时，你仍然为了自己的尊严不要放弃最后的努力。要把色狼向自己胸口抓过来的手，抓稳固定，一只手或两只手均可以。

然后，将两脚搭起来跨在色狼的肩上。

接着，再将两脚紧锁而遏制色狼的肘关节，同时抬起臂部。

这时，凶暴的色狼必会因遏制的剧痛而投降。

这一招对于身体较硬的男性也许做不好，但女性是容易施展的，这是女性必修的一招。

护肩截腕

乙右手抓住甲左肩。甲右手扣按住乙右掌背，左臂从乙右腕外侧上举。接着，甲左臂屈肘向下压截乙右腕，使乙右腕过度背伸而产生剧痛。要点：右手扣按乙右掌背于甲左肩上要牢固，压肘截腕要猛狠有力。

踩肘断臂

乙右手抓握甲右拳腕。甲左手按扣在乙右手背上，右掌从乙右

PEAK

腕外侧上翘。甲以右小指侧为力点，向右下切击乙右腕。接着，用左脚下踩乙右肘关节，使乙腕、肘断伤。

要点：扣按乙右手要牢，缠切腕要有力，并将其臂引直，踩肘要反其关节，下踩要猛狠。

当生命受到威胁，两手尚能活动时，可以用拇指抠其眼睛。实施时，用手抓住对手头部两侧，拇指抠对手眼睛。当你被对手用手、围巾扼绞时用此招防卫较为有效。如果对手从后面以器械攻击，你可以从任何两个方面转向实施拇指抠技术。对眼睛的攻击，能使对手产生剧痛，甚至使眼球破碎，眼皮撕裂。此招不到生死关头，不要轻易出击。

为练习手部的速度和力量，英国皇家特种兵的练习方法是，将左手或右手在自己跟前打开。数 10 次，尽快不停地开合手指。数到 10 的时候，尽最大力气握拳，保持 10 次。这个练习一共重复 100 次。你的双手和双臂一定很快就会感到酸痛，但速度和力量都会提高。这个练习之后，放松双手和双臂，不停地抖动，以利于放松。

最好的武术练习方法是轮训，中间夹以举重练习。这也有利于提高力量和速度。

后击肘

后击肘是危急时借以解围的肘招，当对手自后面进袭、搂抱、箍颈时屈肘击对手，从而变被动为主动。向身后发动反向肘击时，你应先将要用于攻击的手臂在自己身前展开，之后迅猛地把肘抡回，肘尖瞄准对手，同时脚步迈回，以给肘部增加撞击力。

当背后被接近的对手搂抱或失位背向对手时，使用后肘招法向后朝目标猛力撞击，往往可化险为夷。对手从后面搂抱你的腰，如两臂外露时，可迅速转体用侧后击肘猛顶对手腹肋。

武

当被对手从后双手拦腰抱住而双臂被抱在里面，在对手没有完全抱紧之前，迅速屈肘外撑，用后击肘猛顶对手胸肋，可收到出其不意之效。

训练手段：

1. 肘击沙袋：肘击沙袋时，先用左直拳击打沙袋，使其后摆，在沙袋回摆的瞬间，蹬脚扭腰以右肘摆击沙袋，同时身体前压以增加击肘的力量。上下配合协调完整。在训练肘击沙袋时要细心体会正确技术及发力方法；逐步由单招肘击过渡到双肘连续猛撞沙袋训练。

2. 肘击木桩：用海绵或棉絮之类的软物，包扎在木桩（或树体）表面，用摆肘、顶肘等肘法击打，逐渐减薄包扎物。使肘部硬功抗击力和攻击力逐渐得到提高。

第四章

擒拿防身术

擒拿防身术，历史悠久，源远流长，它发源于春秋战国时期的“绝脰”，兴盛于秦汉时期的“捽胡”“绝肮”，鼎盛于明清及当今。擒拿防身术是中国武术中的优秀技法之一，是运用武术功力，使用各种技击手法，采用力学原理，利用人体关节、筋肌、穴位和要害部位的弱点，使对方身体及身体局部受制而不能动弹、束手就擒的一种方法。它是我国宝贵的文化遗产，其法理精深，内容丰富，技术精纯，风格别致，独树一帜。它既不同于勇猛明快的“散打”，又区别于缠抱扭摔的“摔跤”。它是贴近身体，避实就虚，随势化力，折其关节，挫其骨骼，抓其筋肌，闭其穴位的一种手法巧妙的近战技术。它内容系统完整，动作千姿百态，技法全面独特。其独特在于动式曲折、轨迹旋绕、劲力不显、行踪不露。动则上中下三盘齐变、轻灵巧取；制则身手脚立体兼施、招法奇妙。其状文雅，其效剧烈。经常练习擒拿防身术可以培养人们机智勇敢、不畏强敌的优良品质，增强敏捷、灵活、协调、力量等方面的素质，能收到健体防身，祛病延年的效果。因此，深受广大群众的喜爱。

“擒拿防身术”在古时无明确的定义，就单字而论，“擒”字在诸多史籍中很早就有使用。如《国策·燕策》:“两者不肯相舍，渔者得而并擒之。”《韩非子·十过》:“大败知伯之军而擒知伯。”“擒”在典籍中的字义就是“捉、抓”。如《多功能解形说义字典》里解释为:“捉，擒拿防身术。生擒（活捉），擒贼先擒王。”《袖珍字海》解释为“捉捕，擒拿防身术”。《现代汉语词典》解释为“抓，捉拿，欲擒故纵”。由此可见“擒”字的含义是明确的，即“捉抓”。“拿”字，在典籍里注释为:“用手握住或抓取，捕捉，牵弓。”关于“擒拿防身术”一词，典注：“武术中一种针对人体的关节、筋肌和穴位，用各种方法使对方无法反抗的技术方法，泛指捉拿之意。”

根据上述的引证,结合擒拿防身术内容及技术特点,笔者认为“擒拿防身术”应定义为：运用一定的手法，捉抓握住对方之某一部位，利用力学原理，结合人体生理结构及其运动规律的薄弱环节，以巧劲迫使对方某一关节及筋肌超出其正常运动的规律或范围，使其身形僵滞，处于被动的状态，或因疼痛难忍丧失反抗能力而就擒。这是对擒拿防身术的定义，是擒拿防身术的基本特征，也是擒拿防身术法区别于其他技击法的显著标志。

擒拿防身术源远流长。《春秋·公羊传》载：宋万与闵公二人相互徒搏，宋万一怒之下，于近战厮打搂抱之际，用“绝脰”之技将闵公置于死地。宋万使用的“绝脰”就是擒拿防身术中的锁喉法。

到了汉代，擒拿防身术在锁喉法的基础上有了突破性的发展。《史记·卷八十七·张耳陈余列传第二十七》记载：赵相贯高怒高祖之慢轻其王张敖，欲杀之。乃事泄捕之狱中。后刘邦欲赦之，其则“乃仰绝肮，遂死”。“绝肮”《博雅》曾注:“绝，断也。”《集辞》韦昭曰：“肮，咽也。”《索隐》苏林说：“肮，颈大脉也。”这不难看出，汉代的“绝肮”就是用手指压按喉两旁大动脉的技术。说明这个时期的擒拿防身术已开始进入压按脉、穴的新时代。

汉代不仅发明了拿脉，而且已有了擒拿防身术、摔跤相互结合的成熟经验。《汉书·金日殚》记载：金日殚当了汉武帝寝宫中的侍卫。有一天，汉武帝尚未起床，江充与莽何罗谋反。莽何罗携带武器闯入寝宫准备刺杀汉武帝，被金日殚发觉了。“日殚捽胡投何罗殿下，得擒缚之”。“捽胡”就是抓住脖子摔倒在地。这是擒拿防身术中的擒摔技术。金日殚就是当时熟练运用擒摔的典范。

明朝戚继光在《纪效新书》中载：“至今温家七十二行手，三十六合锁，二十四弃探马，八闪番十二短，此亦善之善者也。吕红八下虽刚，未及绵张短打，山东李半天之腿，鹰爪王之拿……皆今之有名者。”何良臣《阵记》中有唐养吾之拿的记载。郑若曾《江南经略》中载有“三十三拿”“三十六解”。从上所引材料中可以看出，当时擒拿防身术招数在数量上达到了空前的程度，且流派甚多，除鹰爪王、唐养吾等善于擒拿防身术的高手名家外，尚有他家。

清朝时期，开始以拳法套路为模式，将众多的单招单式，松散地连接集段成套路。这种套路当时称之为“串景”如“七十二把串子”“金鸡斗”等。这些使擒拿防身术在运动形式上增添了新的内容，使擒拿防身术趋于系统化。

民国时期，始有“擒拿防身术”一称，并有《擒拿防身术法·真传秘诀》(徐畏三口述，金倜生笔记),《擒拿防身术》(邓德达著，1944年印刷)等专著开始问世,使擒拿防身术以功、理、法而自成系统。

中华人民共和国成立以后，在党的古为今用、推陈出新的方针指引下，群众性的武术活动得到蓬勃开展，技术上不断进步、成熟，日臻完善。武术工作者受到党的照顾和重视,武坛新生力量不断增加，科研队伍不断壮大。可以想象，擒拿防身术随着我国国民经济和体育事业的发展，将出现更加喜人的前景。

擒拿防身术是一种独特的技击方法，它种类繁多，内容丰富。擒拿防身术按门类可分为：擒拿防身术功夫、现代擒拿防身术、少林拳擒拿防身术、武当拳擒拿防身术、蛾眉拳擒拿防身术、八极拳擒拿防身术、太极拳擒拿防身术和军警拳擒拿防身术等。

按人体部位可分为：头部擒拿防身术、颈部擒拿防身术、指部擒拿防身术、腕部擒拿防身术、肘部擒拿防身术、肩部擒拿防身术、腰部擒拿防身术、胯部擒拿防身术、膝部擒拿防身术和踝部擒拿防身术等。按技术特点可分为：基本擒拿防身术、部位擒拿防身术、筋肌擒拿防身术、穴道擒拿防身术、摔法擒拿防身术、擒拿防身术打法、擒拿防身术踢法、连环擒拿防身术、擒拿防身术解脱和解脱擒拿防身术（反擒拿防身术）等。

不论哪种擒拿防身术，其技法概括起来不外乎抓、领、索、扣、握、拧、拉、缠、切、压、扛、砸、折、按、托、推、挎、掐、捏、别、踩等。擒拿防身术方法不外乎人的肢体部位、筋肌、穴位的擒拿防身术，以及拿中拿（连环拿)、拿中摔、摔中拿、拿中打、打中拿、拿中踢、踢中拿、擒拿防身术解脱和解脱中擒拿防身术。擒拿防身术解脱法不外乎压撬、撬拉、推抽、旋撬、撬别，以及以打破

拿、以拿破拿、以摔破拿等。擒拿防身术的招法动作千姿百态，由于两人所处的角度、距离、出招时机及运用的方法不同，所出现的姿势不同等，因此，难以用有限的篇幅将所有可能出现或发生的招式都表述出来。为了叙述便利，本书选取了一些具有代表性的动作，如夺目、端耳、勾鼻、抠腮、扳顶、扣颚、按脑、抓发、扭头；掐颈、索喉、缠颈、勒脖；捏指、缠指、分指、扳指、拧指；扭掌、折掌、卷掌、旋掌；缠腕、切腕、卷腕、折腕、挫腕、扳腕、旋腕、扣腕；缠肘、托肘、压肘、扳肘、别肘、捆肘、旋肘、截肘、扛肘、封肘、

闭肘、挎肘、索肘；别肩、卸肩、索肩、压肩、缠肩、踩肩、跪肩、拧肩、旋肩；抱腰、搂腰、顶腰、抓腰、掐腰、扛腰、扳腰、推腰、折腰；抬胯、掀胯、扳胯、拧胯、旋胯；抱膝、压膝、跪膝、扳膝、别膝、挫膝、拧膝、旋膝、捆膝；扣脚、绊脚、挂脚、踢脚；跪腿、扳腿、抱腿、拉腿、拧腿、旋腿、搂腿、抱腿、抄腿；扭踝、扳踝、压踝、别踝、挫踝等。对这些代表性的动作均采用正视展面定势图加以图解。在实际使用时应将这些死招作为活招来用，要灵活掌握，能举一反三，不可生搬硬套。

擒拿防身术的特点

擒拿防身术是以一定的功力，控制对方和化解对方控制的技术。具有以下特点：

❖ 力学为理、巧妙施用

擒拿防身术的技术方法，是建立在力学原理的基础之上的。擒拿防身术的方法充分运用了力学的杠杆原理、力偶原理、惯性原理、合力原理、旋转原理和压力原理等。运用这些原理，可以省力，能产生四两拨千斤的效果；运用这些原理，能使对方身体旋转后倒摔；运用这些原理，可使对方扑空并失去控制；运用这些原理，可使对方某一部位受力更大。

若要达到以上良好效果，就必须合理运用力学的原理，巧妙地使用一定的手法。当然，这要具体情况具体分析、具体运用。不仅用的角度好、抢的时机对，而且，关键的是运用的招法要符合力学的原理。比如“旋臂索肩别肘”，就充分运用了杠杆原理。索肩别肘之臂就是杠杆，肩部就是支点，使对方之肘离肩越近，擒拿防身术

效果就越好。再如，“金丝缠腕”就是充分运用了压力的原理，切腕时用的是掌外缘，而不是掌心，这是因为着力点越小，压强就越大。由此可见，有效的擒拿防身术都离不开巧妙地运用力学原理。本书中所收录的招法，都是符合力学原理的有效的精招妙法。

❖ 以巧取胜、以技制人

擒拿防身术只具功力是不够的，还要善于用巧劲、施妙招，伺机而动。完成动作时要避实就虚，随机应势，顺势应招，轻取关节，巧施裹缠。使之欲化化不了，欲走走不脱，有力使不上。这就是擒拿防身术以巧取胜、以技制人的根本方法。

❖ 拿其一点、控制全身

擒拿防身术是通过反关节，抓筋、点穴、拿骨等技法，牵制对方，使其失去抵抗能力。它的最大特点是只要控制对方部位的某一点，便可使对方不能动弹。当然，要做到这一点，必须有过硬的功夫和纯熟的技术。比如点穴，必须指功过硬，而又能准确、合理地点击，才能点穴有效，使其伤残；再如拿指，指是人体中较小的关节，拿之较为省力，俗语说“十指连心”，若将对方指节捏于手中，超其限度，可使对方产生钻心的疼痛，全身不能动弹，达到控制对方之目的。

❖ 抓筋拿脉，扭挫关节

关节是人体骨骼结构及运动的枢纽，关节周围的筋脉、穴位又是难以承受打击的薄弱部位。关节之功能只可顺动，不可逆转，其屈弯幅度都有一定限度。擒拿防身术就是针对人体关节这种特性和弱点而实施擒拿防身之术。此术迫使对方的关节反折或超限度，并

使其关节及韧带受挫，当即产生剧烈疼痛感，从而丧失反抗能力束手就擒，对方若要拼力硬抗，势必造成骨折、筋伤。

❖ 手拿脚绊、打跌兼施

每当擒拿防身术招法初使，手刚拿住其上肢关节，就要迅速上步、进身，绊锁其前脚。这是因为对方被拿，欲变必定从脚步变起，绊脚的作用在于封闭步法、阻止变化，破坏其下肢力点与支点间的平衡，便于充分发挥擒拿防身术技法的效果。

擒拿防身术各招几乎都有可打、可跌之法。拿住后一撒手便可击打，一挂脚便可摔跌。而且，拿后的一击将击得更狠、摔得更重，可使对方防不胜防。故而，擒拿防身术中具有“摔打拿”三位一体，集诸法之长的特点。

❖ 拿中有解、解中有拿

擒拿防身术招法多样，千变万化，表现在有擒拿防身术法也必有解脱法。这样有拿有解就构成了拿中有解、解中有拿的动作特点。如传统擒拿防身术中有“三十六擒拿防身术”“三十六解脱”合称为“七十二擒拿防身术”。还有一些擒拿防身术套路，也体现出了拿中有解、解中有拿的技术方法，体现了它内容的丰富性。

可以熟练使用擒拿防身术的功夫好手往往出手能使对方不能摆脱，这称之为“死手”，所以摆脱擒拿防身术要在不成“死手”之前进行，“敌不动，己不动；彼一动，己先动”的技术，则是很有效的摆脱方法。

力学原理的应用

懂得力学原理，能使力的作用更符合擒拿防身术的要求，有助于擒拿防身术的提高和发展。因而研习擒拿防身术者，须认真探讨力学的一些基本规律。

杠杆原理，简单地说就是动力臂越长越省力。人体本身是一个活动的杠杆，因而在运用擒拿防身术时，就必须善于使用擒拿防身术手法，能动地造成力的支点，创造杠杆形成的条件，还要考虑使动力臂尽量增长，这样才能利用杠杆，使力集中，作用于指、腕、肘、肩等部位，造成对方局部受力的被动状态，迫使对方就范。如“扛臂断肘”就是用肩造成力的支点，以其臂做力臂而构成杠杆，将力作用于其腕，而造成控制其全身或断肘。再如擒拿防身术时要求力从腰发，它比用手力大得多，这是力发于腰比力发于手的动力臂长的缘故。

力学原理告诉我们：在压力一定的情况下，受力面积越小，产生的压强就越大。根据这一原理，运用擒拿防身术时就必须考虑，着力点越小越好。比如，“金丝缠腕”时的切腕是用掌的外缘，而不是用手掌心面，其目的就是通过缩小着力面来增加压强，而制伤其腕。

利用惯性就能顺势借力。巧妙运用物体惯性原理，既可减轻自己的消耗，又能加大力的作用。不要死顶硬抵对方的力，而要选择另外一个方向去用力，使对方陷入被动和失去平衡的局面。

在力学上，旋转比较省力。因此完成擒拿防身术动作时，要利用“旋转”的原理来节省自己的体力。除此之外，旋转可以延长力的作用时间，使运动更加稳重、有力、定向。旋转也可以增大防护的面积，有化解来自任何方向力的作用。旋转的手法也是解脱对方擒拿防身术的有效方法。

加力于对方的力上，是合力的运用。运用合力，能提高擒拿防身术的效果。顺其力加力，是借人之力为我用的巧妙方法，往往能达到“四两拨千斤”的效果。

凡两个平行力，大小相等方向相反者，在力学上叫作力偶。力偶虽然不能产生合力，但能使物体旋转。如“拧头断颈”就是根据力偶的原理，而使其头部拧转的。

擒拿防身术虽然千变万化，招法繁多，内容丰富，但归结起来，其原理就有两条：一是反关节，二是超限度。理解了这两条原理，也就对擒拿防身术有了全面的掌握。

防身术

❖ 反关节

人体关节是骨与骨的间接连接，肌肉的收缩或舒张，使骨与骨的相对位置发生改变，从而实现人体的各种运动。关节的基本运动形式都是绕关节轴进行的旋转运动。由于关节面形状不同，而其运动的形式、方向、幅度和范围也有所不同。但它们都只能顺动，不能逆转，屈伸均有一定的限度。擒拿防身术正是根据这一特性，使用擒拿防身术，运用功力，迫使关节逆向运动，使之向不能动的方向运动，从而造成被拿者关节脱位或肌肉拉伤。

❖ 超限度

擒拿防身术除利用反关节之原理而制人外，也可使用擒拿防身术，顺其关节运动，而继续外加力量，使关节活动超出其固有的活动范围。由于关节活动超出了活动范围，使连接关节的肌肉舒张超过限度，造成撕裂或断伤，导致关节不能活动，从而实现擒拿防身术之目的。

另外，还有拿筋、闭穴等，因篇幅所限不再赘述。

擒拿防身术在技术上有以下要点：“把、牵、转、压”。

把：当乙抓住甲时，甲即以手压（或称把）住其手，使之不能逃脱，或甲刚抓住乙关节时，速用脚卡住其腿，使之不能变化。

牵：在甲“把”好乙之后，随即拉伸其关节，将肌肉引长，为转关节创造条件。

转：甲将乙关节拉伸，肌肉引长之后，即可将抓住的关节扭转，超越其生理限度。

压：乙被甲扭转成反关节超限度之后，甲紧握其关节，顺势向关节反方向用力猛压，使其关节剧烈酸痛，甚至伤筋动骨。

另外，甲还须做到出其不意，攻其不备，集中全力，对准乙的一点，采以迅雷不及掩耳之势，迫使乙规矩就范。

擒拿术四大要素

胆识、功力、速度、技术是擒拿防身术的四大要素。这四大要素是保证擒拿防身术迅速有效的根本条件。这四大要素缺一不可，因而练习擒拿防身术必须掌握好这四大要素。

❖ 胆识

胆识是决定擒拿防身术成败的关键。常言道 :“一胆、二力、三功夫。”就是说临阵对敌时要敢于同敌做殊死的斗争。交手时要思想镇定，头脑清醒，在瞬间果断地确定擒拿防身术和反擒拿防身术的技术方法，做出有效的技术动作。使敌望而生畏，这样才能有超水平的发挥。

❖ 功力

功力是擒拿防身术的必备条件，如手臂力量的强弱直接影响到胜负，手指的力与硬度关系到擒拿防身术是否行之有效。古人云:“一力降十会。”可见功力在擒拿防身术中的地位。在擒拿防身术实战中，只有功力深厚者，才能处处主动。

❖ 速度

擒拿防身术尤为重视速度。快速的擒拿防身术与解脱能使自己主动灵活，能以一快制百慢，快速可使对方暴露弱点，以多变的战术和技法充分发挥自己的特长，闪电般地擒获之。倘若手慢，再神妙的手法也难以奏效。技击家常言道 :“手快打手慢，神仙也难战。”

❖ 技术

擒拿防身术与解脱是通过动作、劲力，以抓、拧、领、按、抉、折、掐、挟、搬、别、锁扣等手法，将劲力作用于人体头或肩、肘、腕、指、颈、腰、胯、膝、踝等关节，使关节超出人体关节正常运动的规律或范围，致使其身形僵滞处于被动状态，或因疼痛难忍而丧失反抗能力，或化解敌之擒拿防身术等。要想达到拿之有效，化之则

解的地步，就必须熟练地掌握动作，只有动作娴熟才能领会动作要领，才能使技术不断提高，才能得心应手。

擒拿术的“形”

在擒拿防身术中只要能“反应快准、精通力道、内外合一、随机应变”，就能运用自如、劲力顺达、神形一致、刚柔相济，达到奥妙无穷，战无不胜的境界。

❖ 快速准确，运用自如

快速准确主要指两个方面：一是找出敌之弱点，迅速做出选用何种擒拿防身术动作的决定；二是制敌迅速。古人云："劲脆如电击。"要以迅雷不及掩耳之势，以刚毅的追劲，迫使敌手就擒。所谓运用自如，是指在技术娴熟的基础上，达到动作协调灵活，得心应手。

❖ 精通"劲路"，力法顺达

懂得"劲路"是擒拿防身术的基本技术。不同的擒拿防身术动作有着不同的"劲路"，对待不同的对象，所采取的"劲路"也有所区别，"劲路"技术的难以掌握就在于此。如何理解动作的"劲路"呢？首先，要熟悉动作的过程，搞清动作的一般规律，从而熟练地掌握动作。在此基础上摸索该动作用劲的窍门。其次，必须在实践中接触各种对象进行练习，认真研究，并反复训练，使力法顺达，达到运用自如的地步。

❖ 内外合一，形神一致

擒拿防身术动作要有威力，必须要"内外合一，形神一致"。擒拿防身术法对"内"的要求主要是指"意"和"气"，对"外"是指"劲"和"技"。它们的关系是意识为主导，两者紧密配合融为一体。"气"是助劲的诀窍，气沉者胜，气浮者败，这就是"气"和"劲"的关系。"劲"和"技"的关系是互相促进和配合的，没有"劲"便不能发挥技术，没有技术，就是再有劲也使用不上。这就是"以意导气，内外合一"的基本原理。

❖ 随机应变，刚柔相济

在应用擒拿防身术时，要注意随机应变，刚柔相济。常言道:“机不可失，时不再来。”既要求有机必进，又要善于观察变化，对手变了，自已也要变，而且在变化中，要注意避实就虚和虚中有实。刚柔相济是指刚强与柔和两者互相调剂，只有做到柔中有刚，刚中有柔，刚柔相济，方能达到法妙无穷的境界。

擒拿术技术要求

要发挥擒拿防身术的制敌威力，单有方法是不够的，还必须有一定的技术要求。

❖ 眼要明

敏锐的目光能准确地观察环境，看清敌方的招数，急速有效定出所拿关节，使下手有所制之目标。

❖ 手要快

快速出手，一方面可有效地防守敌方的攻击，能以快防慢，使敌方处于不适应的局面，掌握主动权，看准机会，还击敌方：另一方面能出其不意，攻其不备，使敌方防不胜防，败于一旦。这正是：“出手不见手，拳打人不知”“手快打手慢、神仙也难战”。如若手慢，方法再好也难以奏效。

❖ 法要准

制敌使用方法时，必须精细准确，使用方法不准，难以奏效。再者，所选攻击目标要准，下手准确，方法得当，体位无误，力争招不虚发，有的放矢，力取要害关节和筋肌，出招而制敌。以免盲目下手，枉费体力，露己之短，往往事倍功半。

❖ 步要稳

与敌交手之中，若没有稳固的脚步，便会上重下轻，动之欲跌，让敌有机可乘。步稳要有胆做保证，临危不惧，进退有序，身不抖、腿不软，则能稳扎稳打。

人体运动系统是由骨、关节和肌肉三部分组成的，在神经系统的调节和配合下，对身体起着保护、支持和运动的作用。骨是运动的杠杆，关节是运动的枢纽，肌肉附着于骨面，是运动的动力。肌肉收缩，以骨关节为支点，牵动骨骼产生各种运动。制敌首先要破坏敌的运动能力，而破坏敌的运动能力，就必须伤其筋骨，这都需要全面掌握和了解人体骨骼、关节和肌肉。

人体构造简介

❖ 人体骨骼

成人骨骼由 206 块骨组成，在形状上，方圆长短，大小扁斜，其状繁多，无不按人体生理的功能而生长排列，按主体可分为躯干骨、颅骨和四肢骨，其中多数是成对的。按动态分，又可分为固定骨、可动骨和微动骨。骨主要由骨膜、骨质、骨髓、血管、神经组织等构成。骨的最基本的机能有三种：一是运动；二是支撑；三是机能保护。为了使学习擒拿防身术者对人体骨骼有所了解，现将骨骼分别介绍如下：

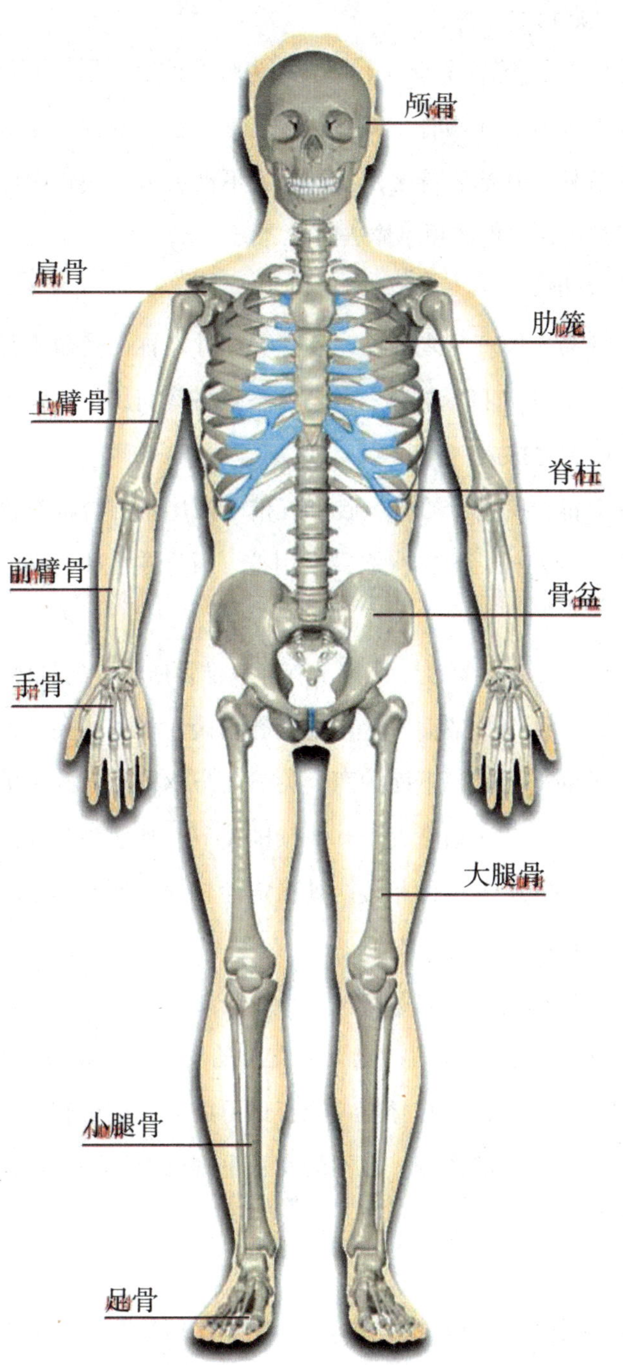
颅骨
肩骨
肋笼
上臂骨
脊柱
前臂骨
骨盆
手骨
大腿骨
小腿骨
足骨

（一）颅骨

颅为身之主，统领全身。颅骨坚厚，为脑之护卫。颅骨圆滑而坚硬，主要分为上顶骨、前额骨、鼻骨、后枕骨、左右颞骨。除下颌关节为可动关节外，其他诸骨之衔接，均为不动关节。头骨中可拿之骨为颌骨，常用托、推、顶、撞法而拿之。

（二）脊椎

脊椎骨为人体一身之梁柱，故有天柱骨之称，受命于肾，上充于脑，统督全身，上下左右全身之骨骼联络其间，位居躯干后部之正中，犹屋宇之栋梁。

颈椎七椎，胸椎十二椎，腰椎五椎及骶尾椎，合称脊椎。脊椎中好拿之骨为颈椎，腰椎次之，常用拧、扳、挟、砍、砸、顶、撞等法拿之。

第一颈椎，又名寰椎，寰椎没有一般椎骨所具有的椎体与横突，结构薄弱，有两个关节面，上与枕骨髁相接，称寰枕关节，向下套入第二颈椎的上齿突，下面的两个关节面与枢椎上面两个关节面相接，称寰枢关节。活动度大于其他颈椎关节。其他关节除两个关节面相接外，还有上下椎体相接。其稳定性较强，但活动度略小。颈椎若伤，易致终身残疾，甚则亡。

腰椎，前有腹肌等的保护及胃肠等脏器的衬托，后有腰脊筋膜的保护，比颈椎粗壮有力，也无旁支骨的支撑。腰椎关节韧交错，脊柱组织十分精密，内有脊髓神经直达下肢，腰椎稍有错位，轻则影响腰椎生理弯度的改变，力不能发；重则压迫脊髓神经，影响下肢的活动功能。

（三）锁骨

锁骨横卧于两侧肩颈之中。内与胸骨相接，名为胸锁关节，

外与肩胛骨相接，名为肩锁关节。属微动关节，横衬两端，突出于外，辅助肩臂各骨之功能活动。上方明显之凹陷，名为缺盆，是神经上通于脑的重要通道。此骨可拿，常用抠、按、勾、扣等法拿之。拿骨得手，不仅影响其肩臂活动，还可造成脑的功能障碍。

（四）肩胛骨

肩胛骨俗称掀板骨，在胸廓背后上方，左右各两块，其形扁平，呈三角形，状如蝶翅，骨面有穴可点击。此骨被拿疼痛难忍，影响肩臂活动及心胃的保护，其拿手法，常用抠、勾、扣、掀、砸等。肩胛骨的脊侧缘及下角是拿其骨下手的好地方。

（五）胸骨

胸骨在躯干前上正中部，上端与左右锁骨衔接，下端与左右七根肋骨相接，其下端之剑突部，属要害部位。肋骨的拿法常用砸、顶、撞等法，剑突部除用砸、顶、撞拿打之外，还常用抠、按、勾等法拿之。

（六）肋骨

肋骨如环呈桶状，护卫胸腔之内脏，左右共十二对肋骨，前一至七肋与胸骨相连。相连处为胸肋关节；下五肋不与胸骨相连者，叫假肋，又名弓肋，其中，十一、十二两对，名为浮肋。十二对肋骨均向后与十二个胸椎相连，名为肋椎关节。肋骨的常用拿法为砸、顶、撞、抠、勾等法。

（七）肱骨

肱骨即上臂骨，是上肢最大的长管骨，上端呈半球形杵状，比肩关节盂之臼窝大三倍多，完全依赖肩关节周围的肌肉、韧带、肌腱，以维持肩关节杵臼之间的稳定，肩关节较松弛，韧带薄弱，因此，能多轴心地环转活动，但稳定性差。肱骨下端呈三角菱形，滑车部

与尺骨上端鹰嘴相衔，肱骨小头与桡骨小头上关节相接，组成肘关节。肱骨中段及上、中、前、后，均为下手的好部位，常用砸、扭、折、扛、磕、压、按、抬、别、拍等法拿之。

（八）桡骨、尺骨

桡骨、尺骨两骨平行排列，构成前臂狭长之骨间缝隙。尺骨鹰嘴、桡骨小头与肱骨相接。肘关节之内外髁、鹰嘴外凸处，以及肘内肘窝平凹，宽窄凸凹等处均为易下手之处，常用扭、折、扛、压、按、抬、别、磕等法拿之。

（九）腕骨

腕骨又名手根骨，由舟骨、月骨、三角骨、豆状骨和大小多角骨、头状骨等八块小骨组成。上与尺、桡骨下端相接，下与五掌骨上端相接，形成腕关节。这里骨多顺序排列、衔接形成一个整体，不容有丝毫的紊乱。因此制敌常拿腕骨，其常用折、捏、缠、切、拧、卷、提、扣等法拿之。

（十）掌骨

掌骨长短粗细共五枚，上与腕骨相衔，下与五指相衔，形成五个掌指关节。五掌骨并行排列，呈四条小骨缝，薄而浅弱，易拿，常用捏、掐、抠等法拿之。

（十一）指骨

指骨上与掌骨相衔，拇指二节，其他四指各三节。易拿，常用折、掰、捏、拧、卷等法拿之。

（十二）骨盆

髂骨内含有骶骨，形成骶髂关节，骶骨上载脊椎，稳定躯干，外下两侧与股骨头相接，形成髋关节，为人最大关节。此骨较难拿，常用推、顶、蹬等重手法拿之。

（十三）股骨

股骨是人身体最大长管骨，上股骨头与髋臼窝相接，形成髋关节，下端与胫、腓骨上端相接，膑骨覆盖于前，形成膝关节。拿此骨，常用拧、砸、蹬等法。

（十四）胫、腓骨

胫、腓骨上端与股骨、膑骨相接，组成膝关节，下与趾骨相接，是踝关节的组成部分之一。两骨并行排列，形成一条狭长的骨缝，胫骨大略前，腓骨小略后，故小腿形成三角形轮廓。拿此骨，常用拧、砸、蹬、踹等法。

（十五）跗骨

跗骨由距骨、跟骨、舟骨、骰骨及第一、二、三楔骨七块组成，上与腓骨、胫骨下端相互连接，纵横交错。拿此骨，常用踩、跺等法。

（十六）跖骨

跖骨有五根，上与骰骨、楔骨相连，下与五趾相接。五趾之数及其排列，与手的五指相同。其骨可用拧、踩、跺等法拿之。

❖ 人体关节

人体全身共有130多个关节。关节是骨与骨的间接连接。两骨相接，必分阴阳，阴为骨臼，凹陷于内；阳为骨杵，凸出于外，实为骨骼活动之关键，其关节的活动都是绕关节轴进行旋转运动的，它包括屈、伸、内收、外展、内旋、外旋、旋前、旋后和环转。从运动轴角度来看，人体关节可分为单轴关节、双轴关节和多轴关节三类。各主要关节的结构、运动特点和活动范围如下：

颞颌关节由颞骨下颌关节窝和下颌骨的髁状突构成。关节周围有关节囊包绕。囊的侧壁有韧带加固，但前壁无韧带加强。下颌可

做前、后、左、右、上、下运动。其活动范围为前伸 5－7 度，后屈 3－5 度，上伸 6－8 度，下屈 10－15 度，左、右屈 8－10 度。下颌骨髁状突向前滑动至关节结处时，若受到外力作用，髁状突再向前滑过结节处，即造成颞颌关节前脱位。常用扳、推、砸、摘、顶、

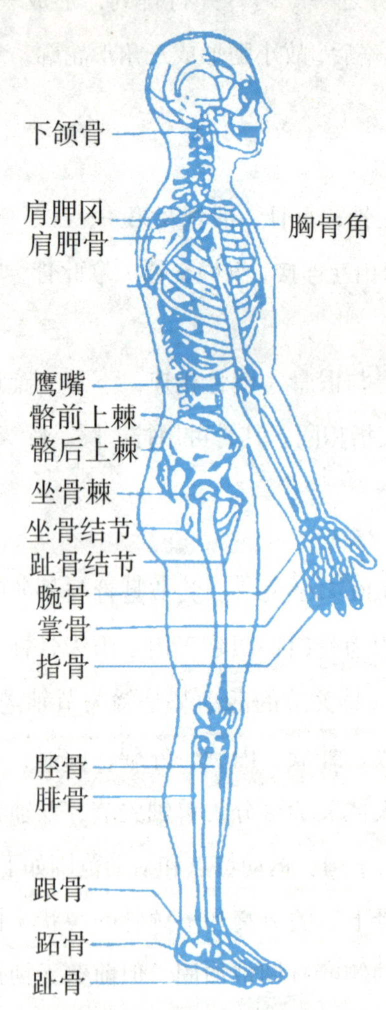

防身术

撞等法拿之。

颈椎是脊柱的一部分，上面连着头部，由7块颈椎骨组成。颈椎骨之间通过椎间小关节面、颈椎间盘和一系列的韧带相互连接。每个颈椎骨都有椎孔，它们相互串连形成椎管。椎管内有脊髓，脊髓是中枢神经的一部分，直接与脑连接，如果受到损伤，轻者躯干、肢体瘫痪，重者死亡。颈椎横突上有小孔，内有椎动脉、椎静脉通过，如果此动、静脉扭曲或断裂则能引起脑缺血或脑水肿，也可导致死亡。颈椎有较大的活动角度，但不能超过活动范围。其活动形式及范围是：颈可前伸、后屈、左右侧屈和左、右旋转。其活动范围为：前伸35～45度，后屈35～45度，左、右侧屈45度，左、右旋60～80度。颈部关节受外力超出范围可引起脱位。其拿脱常用扳、拧、挟、砍等方法。

肩关节由肩胛骨上的关节盂和肱骨上的肱骨头组成。它是一个典型的球窝关节。肱骨头大于盂3～4倍。肩关节外有比较松弛的关节囊。关节盂周围有关节盂缘来加深关节盂，这样对肩关节有加固作用。加固肩关节的结构还有喙肱韧带、喙肩韧带和肱二头肌长腱，肩关节连接骨的关节面大小相差很大，关节囊又比较松弛，韧带少而弱，因此坚固性较差。肩关节可进行前屈、后伸、内收、外展、内旋、外旋、高举运动。其活动范围为前屈90度，后伸40～45度，内收30～40度，外展80～90度，内旋60～70度，外旋35～40度，高举90度。其关节外旋后伸，向前猛推时易脱臼。肩关节的常用拿脱法为砸、摘、扭、折、掀、抬等。

肘关节是由肱尺关节、肱桡关节和桡尺关节这三个关节组成的。它们共同包在一个关节囊内。加固肘关节的韧带有桡侧副韧带、尺侧副韧带、桡骨环状韧带，这三条韧带只对肘关节的内侧、外侧和

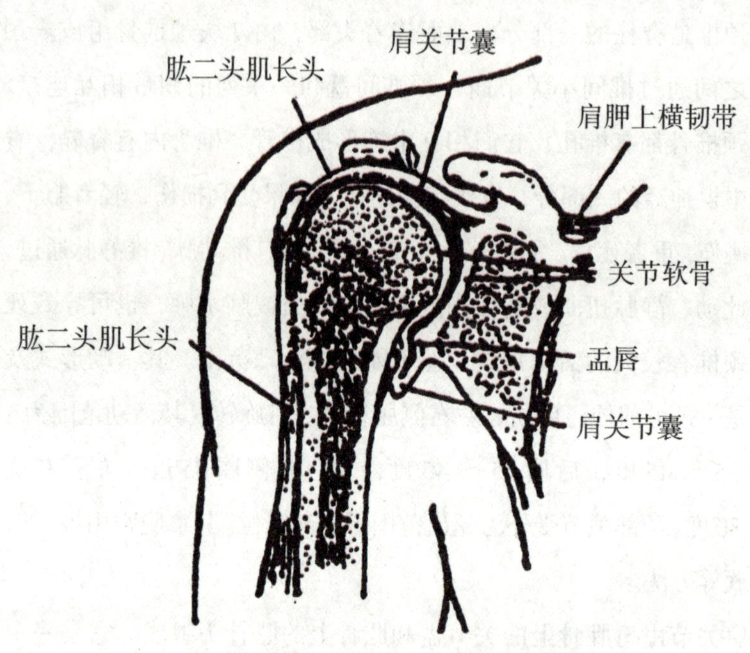
肩关节囊
肱二头肌长头
肩胛上横韧带
关节软骨
肱二头肌长头
盂唇
肩关节囊

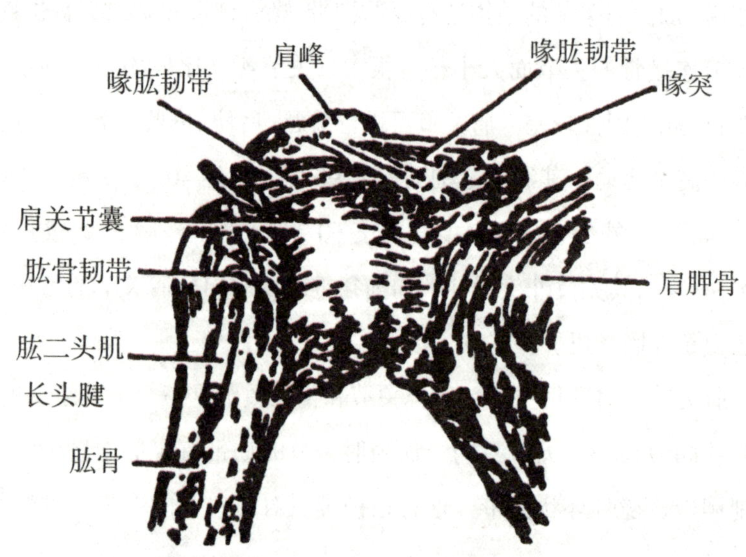
肩峰
喙肱韧带
喙肱韧带
喙突
肩关节囊
肱骨韧带
肩胛骨
肱二头肌
长头腱
肱骨

尺骨、桡骨之间有加固作用。由于肘关节的前面和后面的关节囊壁薄弱而松弛，又没有韧带加固，尺骨半月切迹前端冠状突又较短小，所以最容易产生肘关节后脱位。肘关节可做内、外旋，屈曲，超伸，前臂前、后旋运动。其活动范围是：内、外旋 70－80 度，屈曲 135 ～ 150 度，超伸 10 度，前臂前、后旋 80 ～ 90 度。肘关节若受外力，使其超过活动范围，则可脱位。拿肘关节常用拧、拐、托、抬、拍、按、扛、压、磕、勾等法拿之。

腕关节是由桡腕关节面、近侧列腕骨、远侧列腕骨构成。腕关节外面有关节囊包裹。加固腕关节的韧带有腕尺侧韧带、腕桡侧副韧带，桡腕掌侧韧带。腕关节处腕骨中的月骨正面呈四方形，侧面呈半月形，掌侧较宽，背侧较窄，不太稳定，故易脱位。腕关节活动范围较大，可进行背伸、掌伸 50 ～ 60 度，桡侧屈 25 ～ 30 度，尺侧屈 30 ～ 45 度。腕关节若极度背伸，月骨被桡骨下端和头状骨挤压容易脱位。拿腕关节，常用卷、折、拧、缠、切、提、扣、勾等法拿之。

指关节是由掌骨小头和第一指骨底构成。关节周围有关节囊包裹，两侧有韧带，在形态上近似球窝关节，但在机能上因受两侧韧带的限制，所以只能做屈、伸、收、展及绕中间轴环转，而不能旋转运动。其关节的活动范围是：拇指关节掌屈 30 ～ 40 度，背伸 20 ～ 30 度，其余四指关节掌屈 80 ～ 90 度，背伸 10 ～ 15 度曲拿指关节，常用折、握、卷、捏等法拿之。

髋关节是由髋骨的髋臼和肌骨头组成。髋臼边缘附有关节盂缘软骨，这就加深了髋臼窝。股骨头的 2/3 可以容纳在髋臼窝内。两者互相密合，形成真空，能互相吸引。关节囊及周围韧带较坚强。主要韧带前壁有髂股韧带，内上壁有耻骨囊韧带，后上壁有坐骨囊韧带，但内下壁和后下壁没有韧带，是较为薄弱之处，易于从此脱位。髋关节是一个典型的球窝关节，能做屈、伸、收、展、旋转和环转运动。其活动的范围是：屈曲 130 ～ 145 度，超伸 35 ～ 40 度，内收 20 ～ 25 度，外展 25 ～ 30 度，内、外旋 40 ～ 45 度。髋关节的解剖特点决定了髋关节的稳定性和牢固性，所以髋关节是不易脱位的，但右髋关节屈曲、内收时，加力撞击前方可造成髋关节后脱位，当髋关节强度外展、外旋时，大转子上端与髋臼边缘形成支点，股骨头因受杠杆力的作用，而从髋臼前下方脱出，造成髋关节脱位。拿髋关节，常用推、拧、蹬、撞等重型手法拿之。

膝关节由股骨的内、外侧髁和胫骨的内、外侧髁的关节面及髌骨后面所构成。股骨髁的关节面是椭圆形的，而胫骨两髁关节面则是微凹形的。它们中间有半月板填充。半月板加深了关节窝，形成了椭圆状关节。关节周围有关节囊，囊的前壁有股四头肌腱、髌骨及髌韧带。囊的两侧有胫侧副韧加固了膝关节。膝关节能做屈曲、超伸、内外旋运动。其活动的范围是:屈曲 120 ～ 150 度，超伸 5 ～ 10 度，内、外旋 30 ～ 40 度。膝关节是人体中比较坚固的关节，非强大的外力不易脱位，因此当膝关节伸直时受到前方和侧方的强力才可造成脱位。拿膝关节必须用蹬、踹、拧、扛、挫等重型手法才可有效。

踝关节是由胫骨下关节面、内踝关节面、外踝关节面与距骨上方的滑车关节面组成。踝关节外面有关节囊。囊外主要韧带有距腓前韧带、距腓后韧带、跟腓韧带及三角韧带。踝关节是一个滑车关节，能做背屈、跖屈运动。其活动的范围是：背屈 30 ～ 35 度，跖屈 40 ～ 45 度。当踝关节跖屈至极限时，再施加外力，可使踝关节脱位。拿踝关节，常用拧、压等法。

跖跗关节是由骰骨和三块楔骨与五块跖骨基底部的关节面组成

的。外有关节囊及韧带加固。跖趾关节由跖骨远侧与第一节趾骨近端组成。外有关节囊及韧带加固。跖跗关节与趾可以做屈、伸运动。其活动范围是：屈 40 ～ 45 度，伸 20 ～ 30 度。外力使它们过伸时或受到外力的砸压时就会发生脱位。因此，拿跖跗关节及跖关节，常用踩、跺、折等手法。

❖ 人体筋肌

人体的“肌”分为三类。一是平滑肌，在内脏；二是心肌，在心脏；三是骨骼肌。骨骼肌旧称为筋，是与拿有关的肌。下面主要对筋加以论述。

在各筋中，皆有动脉、静脉、神经伴行人筋，筋依赖血管供给营养，靠神经支配弛张。它的运动直接受人的意志管理。筋包括肌腹、肌腱两部分，有伸肌、屈肌、收肌、展肌、旋前肌及旋后肌之分。它们分别有屈伸、内收、外展和旋转关节等作用。筋的形状，有长短、粗细、窄阔、扁圆之别。一般说来，屈筋在内侧，伸筋在外侧，旋筋在两侧，展筋在上外方。筋起于近端，止于远端。长筋起运动，短筋衔关节，大致如此，纵横交错，有条不紊。肌腹呈梭状，能收缩活动；肌腱呈扁带状，不能收缩。肌腹受到强大外力时，纤维易于断裂，或肌腹与肌腱连接处断裂，或是肌腱的附着处被拉脱，甚至带下一块附着处的骨片。

筋主要附着于躯体和四肢骨，共有 400 多块，裹被骨骼，形成人体。长短诸骨，因筋收缩而运动，其大小关节，因受肌、韧带所保护，使之坚牢而稳固。肌肉、肌腱、韧带及筋的动静开合，屈伸弛张。动则肢灵节活；静则肢停节止。

拿筋，是因为筋肉质地柔软，可使用指力之功法，拿而制之，

使筋肉挫、裂、断、脱。这种损伤，不单只在筋肉，同时也使进入筋内与之伴行的血管、神经，相应地受到不同程度的刺激和损伤。拿筋能使其失去伸张收缩之功能，从而导致反抗能力完全丧失。全身筋肌繁多，无法尽述，仅就有关筋予以论述。

头面部可拿筋肌有表情肌，鼻孔肌，眼眶部轮匝肌、两嘴角、鼻准、两耳朵，两颊三角肌、颏肌、颧肌、两侧颞肌等。一般常用抠、勾、扭、扣、扳、托、揪等手法拿之。

颈项部可拿筋肌有气管、食道，胸锁乳头肌、喉头等。常用掐、按、抠、捏等手法拿之。被拿后轻者感到不适，重者吞咽不下，久则昏晕，甚至窒息气绝。

两肩之三角肌、肱二头肌、长头肌腱、肩下腋缘之大圆肌均为可拿之筋。常用抠、掐、摘、抓等法拿之。重拿可挫伤肌纤维，损伤毛细血管，刺激或挫伤神经。

上臂之肱二头肌腹、肱三头肌腹均可拿之。常用扭、揪、掐、抓等手法拿之。重拿可挫伤肌纤维，损伤毛细血管，刺激或挫伤神经。

肘部之三头肌下端、肱三头肌内侧头、桡侧腕长伸肌、肱二头肌下端肌腱、肱肌、肘后尺神经均可拿之。常用扣、抠、掐、揪、抓等法拿之。一经重拿，整个手臂则失灵。

前臂之背侧指总伸肌，掌侧指浅屈肌、拇长屈肌等，周围肌群均可拿。常用扭、揪、扣、抓、掐等法拿之。一经重拿可挫伤肌纤维，损伤毛细血管，刺激或挫伤神经。

腕横韧带，拇指对掌肌、骨间肌、蚓状肌、拇短屈肌等，此部位筋肌短小薄弱，特别是腕骨之间的短小肌腱及手掌的骨间肌，均易拿之。常用捏、掐、握、抠等法拿之。

两侧腹外斜肌可拿，常用抠、拨等法拿之。一经重拿则伤其纤维、

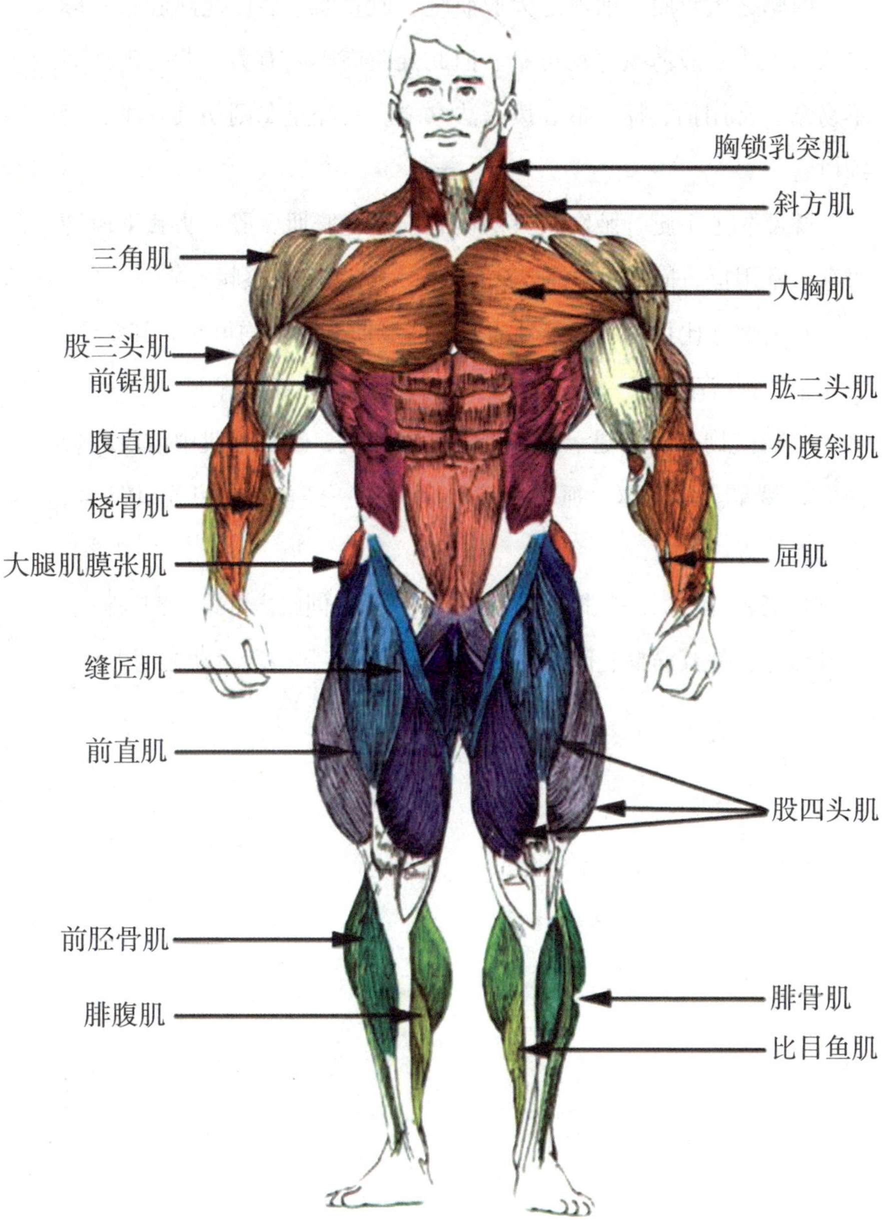

胸锁乳突肌
斜方肌
三角肌
大胸肌
股三头肌
前锯肌
肱二头肌
腹直肌
外腹斜肌
桡骨肌
大腿肌膜张肌
屈肌
缝匠肌
前直肌
股四头肌
前胫骨肌
腓骨肌
腓腹肌
比目鱼肌

毛细血管。

内侧之大收肌，前侧之大股肌腱、股直肌，后侧之路胫束、股二头肌长头、股薄肌等均可拿。但此处肌肉丰满有力，非一定功力不易拿。常用掐、抓、抠、拨等法拿之。一经重拿则伤其纤维、毛细血管。

膝部髌上下腱、腋窝及其两侧之筋、缝匠肌、股二头胍下段均可拿。常用抠、掐、拨、抓等法拿之。一经重拿，整腿失灵。

小腿部之比目鱼肌、胫骨前肌、腓肠肌、跟腱均可拿。其拿法，常用掐、抓等手法。一经重拿，则伤其纤维、毛细血管等。

小腿横韧带、小腿十字韧带、趾短伸肌、趾长屈肌中前段均较薄弱，易拿。常用抠、抓、掐等法拿之。一经重拿，可伤其纤维、毛细血管等。

拿筋者，配拿关节，抠拨韧带起止接头，重创肌之纤维，挫其神经，伤其血管，使其筋翻、筋滚、筋裂、筋断，实际破坏运动之动力。

第五章

国外防身术介绍

东瀛神秘的忍术

忍者，被称为看不见的杀手。黑衣、蒙面，一双犀利的眼睛，这往往是给人的最初印象。与东洋剑士的浪漫、豪气和狂傲相比，忍者则神秘、冷峻、敏锐和谨慎，这也决定了忍者行动的隐蔽、迅捷和诡谲：一击则退，不成功则另寻机会。黑暗，也就成了忍者最信任的朋友。生于黑暗，死于黑暗，而他们的荣耀也在黑暗中！

❖ 执行秘密使命的忍术

忍术，意思是“间谍侦察术”。是世界上最古老的暗杀术之一，是日本最强悍的搏击术。忍术，是800多年前从日本的果山和简屋山区兴起，兴盛于300年前，即17世纪的日本幕府时代。随着日本宫廷追捕，武术阶级势力的上升及间谍工作的需要，出现了越来越多的忍术高手——“忍者”，忍术也日渐盛行。日本间谍活动的盛行，无疑也是各忍者组织的大斗法。

忍术的基本专业技能就是用徒手格斗的技艺，各种武器和炸药从事追踪、侦探、保镖、暗杀等方面的活动。培训内容里也包括艺术和科学知识方面的广泛教育，目的在于帮助他们在执行秘密使命时，能方便地融入涉及的各行各业。

❖ 超乎想象的身体训练

忍术的训练必须从很小的时候开始，凡忍者家族的成员，均须无条件地继承这一家族职业传统——忍术训练。就忍术训练内容来看，其基础训练主要包括平衡、灵敏、力量、持久力以及特殊技巧五个方面。忍术对于身体训练的强度近乎残忍，是一般人所无法承

受和忍耐的。忍术所包含的内容，每一项忍者都必须精通，并且每项训练都会是死亡淘汰赛，无法忍受的人是不允许生存的。

1. 平衡训练

平衡能力就是指在行动时防止被重力牵引倒地的能力。这种能力对于忍者在行动中具有特别重要的作用。训练时，首先站于圆柱或竹竿上，练习者双手抱头，双腿与肩同宽，做下蹲练习。然后来回走竹竿，自己体会重心的调整，至能行走于滚圆竹竿上而不被滑倒；接下来将竹竿升离地面 1 米左右，继续走竹竿，练到行动自如；继续增高竹竿高度，直至十几米高度，至此身不畏高，纵跳奔跑，如履平地。具备这样的平衡能力后，才在屋顶、墙头及树木上行走如飞。

2. 灵敏训练

灵敏是指身体迅速变换姿势、动作方法以及随机应变的能力。忍者的训练从幼年开始，多进行灵敏素质专项训练，如跳过插满刀片的绳子，训练后期做危险障碍跑，身法稍滞或反应稍慢，即受障碍物致伤。忍术的灵敏要求十分严格。

3. 持久力训练

持久力具体所指的是运动中或训练中，长时间保持技术动作质量和运动强度的能力及在持续运动过程中不断克服疲劳的能力。具备良好的持久力有助于忍者更好地克服在训练、运动中出现的疲劳。忍术的持久力训练分静、动两种练法。静练法：双手悬挂在树干或横木之上，支持全身，地上则放满暗器，要求训练者决不能松手跳下来；动练法：采用基本的长跑功夫，要有跑五六千米的耐力，加上跳跃，可以每日跑 75 公里。

4. 力量训练

力量素质会直接影响到忍者对基本技能的掌握，实施战术的合理性及搏击能力的提高。随着忍者力量的增大，速度、灵敏、持久力、柔韧性等素质也会有不同程度的增长。忍术的力量训练采用的方法很多，如举重、引体向上、俯卧撑、爬竹竿、爬绳等。

❖ 忍术特殊技巧

化妆术、药物术、施毒解毒术、听力嗅觉训练……而且要有在最严酷的身体压力和精神压力下的求生能力和野外忍饥耐渴的野外生存能力。

忍术要求忍者必须在剑术、箭术、马术、柔术、脚功、身体平衡等方面有高超的技能，但要求最高的武技还是隐身飞遁之术。忍术其实并无真正的隐身飞遁之术，只是经过刻苦训练使忍者行动敏捷，跳跃翻腾能力很强，奔跑速度快。在人尚未察觉他时，忍者便无踪无影了。由于忍术高手行动诡秘，行踪隐匿，人们又称隐身飞遁之术为“鬼术”和“无形术”。

除了隐身飞遁之术外，发放暗器亦为忍术武艺之绝技。忍术暗器包括毒镖、铜币（边锋开刃）、剑、钩等。

与“隐身飞遁之术”“放暗器”并称“忍术三种绝技”的还有“施毒解毒术”。忍术高手个个精于此道。据载，忍术所用毒药是从矿物和动植物中提炼出来的，药力之强，足以置人于死地；仅少许药量也足以使人昏迷、瘫痪或大笑不止。忍术投毒手段很多也很隐秘：匕首、飞镖及箭的尖端蘸有毒药用于暗杀；食物或饮料中掺入毒药用于谋杀；使用各种有毒物品如有毒的鲜花等。忍术的解毒术通用解药，是用草药和药酒等调制而成的。

❖ 忍者的精神修炼

没有强大的精神方面的训练，忍术系统就不是完整的系统。众所周知，忍术在精神方面的训练被认为是非常重要的。忍者战斗力超强的原因，除了忍者自幼勤学苦练、功力笃纯，以及实战经验相当丰富，他们临战时特殊的精神因素，便是忍者经常取胜的重要原因。此种精神因素在打斗场合能产生强大的意志力量，即使是大敌当前也总是沉着冷静，无所畏惧，甚至视死如归。在他们的信念之中，打败对手是英雄的壮举、是崇高的荣誉。即使在打斗中死于非命，也可魂归净土，超生极乐世界。因此，在忍者的心目中，打斗无道义可言，只有一个目标，即保存自己，击溃对手。

那么，忍术的精神训练是怎样的超乎想象呢？首先，在古时候，作为一名忍者家族的后代，一经降生，就必须接受残酷的命运现实——成为忍者，或者死。并且从很小的时候起，就被灌输以对主人誓死效忠的思想，在主人足下，忍者是绝对卑微的，甚至没有资格露出真面目，更没有姓名，主人的命令，无论是什么，都毫无疑问地行动。效忠主人，为主人献出自己的一切，对忍者来说是无上光荣的。除此之外，忍者不会有任何思想。由于这种封建观念的深深植入，所以忍者比任何宗教信徒都更加狂热，更加无所畏惧。

当然，仅凭机械的思想灌输创造的只是向前冲杀的野兽，而不是无敌的超人，忍术不止于此。它有着一套切实可行的强大精神力量的训练方法，忍术的精神修炼是广泛借鉴东密修持灵法、中国古代道家典籍、泰拳精神修持等精华创编而成。精神修炼才是忍术的秘中之秘。

稍有了解的人都知道，东密是密教的一个支派，而且东密对于人体念力的开发，向来有着自己独特的传承，在密教界一直以快捷著称。忍者通过东密密法的修习，能使忍者的心理得到良好的培养，尤其是争斗时所需要的勇敢、顽强、坚韧不拔等，学会自我培养和控制情绪的稳定性，体内的潜能将得到最大限度的开发。可以完全除却心灵的迷惑和恐惧，全神贯注地投入战斗。可以达到从精神到肢体，由肢体到外界形成高度的协调统一，并能在搏杀中发挥精神与肢体内在的能量和潜力这一目的，从而达到随心所欲的境界。

我们在影片中见到忍者做出许多古怪的手势，那便是“忍者九字箴言”。“九字箴言”是指“临、兵、斗、者、皆、阵、烈、前、行”，其来源于中国古代道家典籍《抱朴子》。这九字咒语是道士在山中驱逐妖魔时所念的咒语，忍者也用这“九字箴言”作为咒语来使用。忍者用这种东西，可能是因为他们生存在随时都会死亡的环境里，打斗前默念长咒，呼唤神灵相助，以增强信心。或赐予自己超自然的力量，消除恐惧，增加精神力量。

通过这种双管齐下的性命交修，忍者从精神到肉体都实现了超人的飞跃。获得了几十倍于常人的毅力、忍耐力、战斗力，以及不同程度地拥有了某种超能力，以至于身体上遭受一般人足以致命的重创之后仍能奋战。忍者是如此强大而又绝对的忠诚。因此一名优秀的、精通忍术的忍者称得上是一部绝对可靠的全功率战斗机器。

❖ 忍者必修武艺——武士道

日本忍者和武士必修的武艺和要遵守的道德就是武士道，这在日本历史上是重要的文化现象。在很长的一段历史时期内，它成了日本国民精神的重要组成部分，备受社会的崇尚。

“武士道”的精神是在糅合了道家、佛教禅宗和道德思想的基础上发展起来的。其主要内容有：

维护和巩固武士集体内部上、下关系的秩序，成为武士生活的唯一准则。强调“君道”和“臣道”。主君要庇护家臣，家臣对主君要保持“忠节”；主君对家臣有生杀予夺之权，家臣对主君必须做到无条件地服从，要以能为主君献出自己的生命为荣。

武士道提倡“武勇”。封建武士应娴熟打斗之术，以战争为天职，勇于为主君卖命。如果战争失败，为保持武士的体面，表现自己的忠节，武士应毫不畏惧地剖腹自尽，在日本近代史上，剖腹自尽的行为不乏先例。开这种风气之先的要算乃木西大将及其妻子乃木静子，他们于 1912 年 9 月 13 日即为明治天皇举行葬礼的当天双双剖腹自尽，以表示绝对效忠明治天皇。其后效尤者甚众，特别是 1945 年 8 月日本侵华战败以后旧日军上层人物自杀高达 572 人之多，其中剖腹自尽的著名人物有原铃木内阁陆军大臣、大将阿南惟几，原东条内阁厚生大臣、军医中将小泉亲彦，号称“航空作战最高权威”“海军特攻之父”海军中将大西泷治郎等人。这种剖腹自尽的行为，无疑是以武士道精神为理念支柱，是武士道精神的最集中、最突出的表现。

把崇拜日本刀看作是武士道精神的一种具体体现。武士经常佩戴日本刀，作为武勇的象征，宣扬“刀不见血不算真正的武士”的战斗精神。

武士道强调崇神敬佛。1232 年（贞永元年）制定的武士法规《御成败式目》五十一条中，第二条就规定武士必须敬神，修缮神社，重视祭祀。作为天照大神的子孙——日本皇室，是代表统一权力的精神支柱。目的是借神的权威提高皇室最高主君的地位。第二条是

保护寺塔，崇敬佛教。作为武士，平日要“参禅悟道”，提倡僧侣式的自我修养，在宗教精神的麻醉下，使武士成为盲从杀戮的恶煞。

按照封建武士集团内部的等级制度，强调“礼仪”“礼法”。以各种清规戒律加以约束。武士要无条件执行首领的意图，保持严格的纪律。

进入近代以后，明治政府尽管在法律上废除了武士等级，但却将这种主仆关系一律改为效忠天皇，并且竭力美化武士道精神，把武士阶级的武士道变成了全民的武士道。

❖ 忍术实质性内容的绝迹

被视为“杀人之术”的忍术长期以来仅供忍者组织专习，用于刺探情报、暗杀等政治活动。在社会发展中，忍术及忍者的恐怖活动遭到世人的谴责。随着封建制度的结束，忍者家族大多灭亡了，在这个年代，哪怕是日本，是否存在着忍术的正宗传承，仍然无法确认，人们也少有所知了。虽然忍术这一名称如今仍在全世界许多从事忍术练习的俱乐部（特别是在美国）所沿用。但忍术中的实质性内容已经不复存在了。不过，各种各样的军事部队对忍术中的徒手格斗技术，尤其是对那些关于伏击、无声响地杀人和潜逃技术开始发生兴趣。应该提到的是，美国军队对此方面的兴趣是最大的。忍术的搏击技术，正在被许多精锐部队所研究。

“安全生活”自卫术

“安全生活”自卫术的创始人是马克·戴维斯，此种自卫术是一种自我防卫及暴力预防处理课程。它授予人们安全意识及危机预防行为的概念，并运用于生活中保护自己。

“安全生活”自卫术强调街斗中的脱逃能力。“安全生活”自卫术在使用时要遵循一些简单的规律，如躲避、逃跑和拆招的整个过程是这样的：开始要尽量避免可能发生的打斗，如果情况不断升级，那就要马上离开；若被对手袭击而无法离开，就要快捷迅猛地制伏他，然后离开。

“安全生活”自卫术是一个矛盾的统一体。一方面他要你学习置人于死地的技术；另一方面他又让你避开暴力。“安全生活”自卫术带给你自信，同时又让你放弃进攻，平静处世。

❖ 三个阶段

在过去的30年中，马克·戴维斯一直担任个人自我防卫顾问并教授瑜伽功。这一经历使他能够更深入地理解“安全生活”并使其有所发展，而不仅仅是一个概念。除了教授基本的自卫技巧以外，该课程还为参与者提供通过三个阶段的练习，及周围潜在的和真实的状况来分析周围环境。

第一阶段，矛盾冲突前阶段。直觉是探测危险最好的仪器，因而你要特别留心和注意你的所见所感。如果你觉得可能有危险存在，那也许就是真的。“你通过观察细微的或不是那么明显的身体线索，来判断敌意是否已经产生。”他说，“或者你有‘正有问题发生’这样一种感觉。所以，矛盾冲突前阶段可以说是意识到潜在威胁的一个最基本的阶段。”

第二阶段，空间侵犯阶段。当对手欲攻击你时，空间侵犯也就随之而来。每一个人都有一个相对安全的区域，当侵犯者进入这一区域时，你就会觉得不安，因为你需要这一空间来判定是否要还击。要想达到此目的，首先你不应让对手靠近，即尽量与对手保持一定

的距离，并不断地用语言说服他放弃暴力。如果他没有后退的打算，那正是出击的时候。

第三阶段，搏斗阶段。如果你没有用计谋和智慧去避免与对手面对面和即将来临的暴力冲突。“安全生活”自卫术提倡快速攻击对手并乘胜追击直至对手彻底丧失战斗力，以便让你安全地脱离危险。

❖ 基本技巧

“安全生活”借用非常实用的手法和步法，最初的目的就是为保护自己的中轴线不受侵犯。他着重强调要运用主导的手法来将进攻的动力化解，并打乱进攻者的平衡。为了增强稳定性，你应该把你的重心放低。在打斗时，你的最佳反应应该是完全躲开对手的进攻，如果不能完全躲开对手的进攻，应该尽力躲开对手对你身体上的重击。只有完全躲开对手的击打，才算是成功的闪躲，不能完全闪躲开对手的击打，就会使自己受到某些伤害，同时也使对手有机会对你实施后续的攻击。

当对手欲以拳向你攻击时，迅速预判出来拳的速度和方向，在对手来拳击中目标之前，抓住时机击打对手前臂将来拳格挡开。格挡时，只需轻推对手的前臂就能将对手的猛击由原来的攻击路线挡开使其攻击无效。通常我们以左手格挡对手右直拳，而用右手格挡对手的左直拳，格挡向侧方引开对手的来拳，使其发力的方向发生了改变。由于出拳后惯性力的作用，击空时最容易失去身体平衡，此时，就是你出手反击的最佳时机。反击可供选择的技巧包括戳眼、抓耳、掌击下巴或鼻子。不要过分在意运用何种方式进行击打。

掌指攻击是“安全生活”自卫术比较推崇的技术之一，它的实用恰恰在于它往往不为人所熟知，也不会轻易引起别人的注意，当然习练它的人很少。正因为如此，它才具有迷人的魅力，我们可以在与对手打斗时突然发招，往往会令对手大吃一惊。总结它的优势，就是击打距离长,富于变化,击打时面积小,压强大。还有重要的一点，就是它的先发制人。这在与对手格斗时，尤其是面对强大的对手时显得尤为重要。

扫踢是“安全生活”自卫术比较常用的腿法。“安全生活”自卫术的扫踢技术可分为两类，即对腿部外侧的扫踢和对腿部内侧的扫踢。扫踢最典型的用法是攻击对手的前腿，目的是使其站立不稳，通常要连续攻击才能奏效。如果你击中前腿，使其失去平衡，再续以其他招式。后腿扫踢的攻击目标通常是对手的大腿部位。阻断对大腿的血液供应。扫踢对手膝关节外侧时，你必须略微倾斜身体，使身体远离对手，然后再实施扫踢。扫踢对手膝关节内则，你得先迅速逼近对手，接着出腿踢击。你的扫踢击中目标后，对手的腿将因此失去重心而倒地。此时你给他致命的、毁灭性的一击。在腿法攻击中，最有效的方式就是正面用脚尖踢击对手的睾丸以及用脚掌下压蹬踏对手的膝部或小腿。这些动作很容易学会，并且不会对你的平衡造成麻烦。

其他在自卫混战中有效的武器包括肘击、膝击或肘头部撞击。肘部对于女性学员特别实用，因为身体力量的强度可以充分发挥并不会累人。

如果条件允许，你可以采用一招基本的控制和抑制技巧，目的是使对手受到惊吓、摆脱对手并趁机逃走，而不是要和对手进行一场你死我活的肉搏战。马克·戴维斯告诫说不要使你的自卫术变得很复杂：“你应该利用简单的技法，直接的技巧可以使你从冲突中摆脱出来。你的重点是步法、简单的抵挡、攻击及躲闪的动作，而不是忙于摆各种花架子，并做一些需要很多技巧的动作。”

美国维氏自卫术

弗罗伦多·维斯塔兴，也就是人们所熟知的维教授，于1910年出生在菲律宾。在美国，他经过长年累月的刻苦研修，创立了以制止犯罪、保护自身安全为主的自卫防身术——“维氏自卫术”。

弗罗伦多·维斯塔兴在10岁时就开始学习菲律宾格斗术。在他16岁时，他家从菲律宾搬到了美国夏威夷，1982年又迁往加利福尼亚的斯托克顿。在这里他依然练功不辍。当第二次世界大战爆发时，他参加了美军。在他当兵的这段时间里他学习了很多军事格斗技术。

他后来有了创建综合型自卫格斗术的想法。退伍以后，他开始到处寻师访友以吸收各种武术的精华。并跟随柔术大师凯亚斯·拉克，军事格斗专家卡勒斯·内尔森以及自卫术高手西格·瓦德等武术行家学习他们的得意技术。另外，弗罗伦多·维斯塔兴还系统地学习了柔道和印度武术瓦曼尼（VARMANNIE）。为“维氏自卫术”正式诞生铺平了道路。

1955年，弗罗伦多·维斯塔兴公开了自己的武术体系——“维氏自卫术”。但是他并没有在荣誉面前止步，他继续探索其他的武术及武术理念，并将其中精华部分吸收到自己的武术体系里。他先后结识了纪韦利、刘·卡杰、瑞曼德·托波沙、阿曼特、马瑞纳斯等一大批武坛顶级人物，与他们互相切磋、交流学习，使自己的武术体系更为丰富。

1999年，弗罗伦多·维斯塔兴大师去世以后，大量在美国的亲传弟子为“维氏自卫术”的振兴做出了巨大的贡献。他们当中的领军

人物是美国武坛大红大紫的自卫术专家大卫·詹姆斯，他被誉为黑带十位顶级自卫术教练之一。为了更有效地运用维氏自卫术进行打斗，大卫·詹姆斯长时间孜孜不倦地追求克敌制胜的实战技术。他运用现代科学原理研究“维氏自卫术”的基本技术，在原来的维氏自卫术中加入了泰拳的扫踢、肘击、膝击等元素，总结出了“1－2－3－3 攻击法”来应付 15 种常见的街头攻击：双手抓住衣领又扭又推、双手抓住对手猛摇、双手由前方卡脖子、拳击面部、由后锁颈、由后抓肩、由前抱摔、由后推撞、双手由前翻抓衣领并抵在墙壁上、由后抱摔、由后卡脖子、直拳攻击头部、一只手抓另外一只手不停击打面部。极大地丰富了“维氏自卫术”拳艺，使之更完善，更具有实效性。

詹姆斯总结了自卫格斗的“十大金律”。每一条金律之间都是相互联系的，“十大金律”形成了一个统一的整体。这些“金律”可以融合到任何武术体系之中。

1. 利用环境、地形来保护自己。要研究你所处的环境，包括你正在对付的人，周围的旁观者以及能够获得武器的路线与能够脱身的路线等等。要注意什么东西可以帮助你，什么东西可能伤害到你。

2. 保持安全的距离。每一个人都有一个相对安全的区域，当侵犯者进入这一区域时，你就需要根据这一空间来判定是否要还击。当一个对手靠近你，你首先不能让对手靠近，即尽量与对手保持一定的距离，若对手继续逼近，那正是出击的时候。

3. 善于伪装，隐藏意图。你可以采取一种自信、放松的姿势，肩膀向前、手臂弯曲、双手张开、指尖朝上，这样的举动会给对手一个错误的信息，他会认为你已经屈服了。从而使对手降低警惕性。为你的攻击创造了条件。而且这种动作更加有利于进攻。

4. 控制对手。用你的语言、眼神、身体动作以及攻击来操纵对手。

这可以使你控制对手的反应。

5. 记住，一方所做的动作是由另一方的动作引起的。你的动作会引起对手的反应；反之亦然。

6. 运用出其不意的动作。在对手意想不到的时间，用对手意想不到的方式攻击对手意想不到的部位。

7. 从最近的点开始攻击。格斗时要以最短的工具、最短的距离、最简捷的动作，最直接地连续不断地猛攻对手。

8. 争取主动。用你的手部动作攻击对手的面部，然后变换身体高度进行抢攻，快速地制伏对手。

9. 多点攻击。上下左右攻击对手全身，令对手产生反应误差，引起防守迟钝和空当。使对手防不胜防，顾头顾不了尾。

10. 在打斗时要努力迫使对手向后退步，破坏对手的平衡，并使其处于一种相对不利的地位。研究证明，在被迫后退时人的攻防能力是很弱的。

巴西沙万蒂人锁臂术

沙万蒂人的格斗艺术——“巴摩”格斗术相对来说是不引人注意的格斗系统，但它或许是巴西国土上最残忍的实战性打斗艺术。居住在巴西马托格罗索州印第安族的沙万蒂人，他们鲜为人知。他们只围着一块腰布，住在茅草棚里，用弓箭和长矛打猎。但其他部落的人们都很惧怕他们。因为沙万蒂人掌握着一种令人心胆俱裂的“巴摩”格斗术，使别人不敢入侵他们的领地。

“巴摩”格斗术，又名锁臂术，就是在与对手短兵相接的搏斗中擒锁、击打对手手臂。举手投足间，轻则可令对手手臂关节成反关节状态或肌肉产生麻、胀而无法收缩，失去运动能力，重则可使敌肘、腕关节折断而伤残。由于“巴摩”格斗术快捷简练、狠辣刁钻，因而这里的格斗士，有许多人的胳膊都被对手的双手锁臂动作折断。曾多次获得世界冠军的格斗高手拉根蒂恩·阿罗卡，在1948年与沙万蒂人比赛时双臂被折断致残了！阿罗卡原以为能够轻而易举地将他的对手——一个身材瘦小、肌肉纤弱的印第安人彻底制伏。但打斗40分钟后他就被击倒在地，并且双臂已被折断。从此以后这位格斗冠军就只能依靠他的双脚进行打斗了。

❖ 锁臂术的原理

锁臂术主要运用三个原理：杠杆原理、人体的结构弱点和战争哲理。把这三个原理结合起来，便形成了一个真正有效的手臂擒拿技术。

杠杆原理：成功的锁臂术必须运用杠杆原理。在这个原理中，转矩＝杠杆臂长 × 作用力，它的作用可以用扳手松动螺母这个例子来说明：如果你只用手指去松动螺母会很难，因为这时的杠杆臂太短。但如果用扳手就很容易了，因为这时的杠杆臂较长，虽仍用相同的力，但产生的转矩很大。应用到格斗中，假如对手的手臂是伸直的，在手臂锁定中应用这个原理会十分有效。同时还能使对手远离你，不太可能袭击你。

结构上的弱点：肩关节稳定性差，容易发生脱落。用暴力向左右拧、向后扳至极点，或以压力击打，会造成肩关节脱位，引起韧带、肌肉撕裂致伤。肘关节活动范围相对较小，当肘关节完全伸直时，由后方猛施压力或将肘关节向左后、右后拧转时，会造成关节脱臼、韧带肌肉撕裂或鹰嘴骨折，使前臂、手部的功能丧失。腕关节活动范围较大，但很薄弱，如果用力使腕向任何一个方向过度扳拧，都

能使腕部的骨韧带损伤，可使关节脱位，韧带和肌腱撕裂，甚至断裂。

战争哲理：这个原理源于古代军事理论。它在格斗实战中具有重要的参考价值，决定你如何运用技术，为近距离格斗提供了指导原则和战略战术。

❖ 锁臂术的制敌技巧

锁臂术应用的是物理学上的杠杆原理，只需往对手关节部位稍稍加力，就能事半功倍，使对手关节处于非正常活动范围，产生一种不可忍受的疼痛，或挫断对手手臂关节，从而制伏对手。锁臂术对付以拳头攻击的对手效果最佳。任何一伸出的手臂都是理想的目标。假如对手以左拳攻击你的中段，那么就用张开的右手从下向上托住对手肘部。与此同时左手掌向下，抓住对手腕猛力下压。为了增大接触面，两手的虎口充分展开，双手的动作要协调一致。如对手使用右手攻击，只需将这一套攻击顺序颠倒一下。如果对手用拳头攻击你头部，需对这种“上与下”交叉发力的方法做一些调整。假如对手以左拳进攻，就伸出右手沿水平方向往里猛折对手的手臂，左手则利用杠杆作用沿水平方向往外折，变为“左与右”交叉发力的方法。

❖ 锁臂术的训练

锁臂术要求习者不但能掌握，而且要将它变成自己的一种本能的打斗技术。对于一名防卫者来说，如果你没有本能的格斗技术，就想制伏生龙活虎的对手是绝不可能的。以各种速度进行没有伙伴和有伙伴的练习，不断巩固正确的姿势并培养对技巧的感觉。把锁臂技术练就成为第二本能。在进行没有伙伴的练习时将一根直径约10厘米的圆木吊起来不断进行擒锁练习，使其动作够劲够疾，干净利落。

肘部根本受不住这两股相反力量的夹击。它是在一瞬间形成的，并完全集中在肘部，这种招数实用性极强。

加拿大千师道自卫术

千师道（SENSHIDL）自卫术始创于1991年，创始人是加拿大著名自卫术专家里查德·狄米。千师道自卫术是一门自我防卫及暴力预防处理课程。它授予人们安全意识及危机预防行为的概念，并运用在生活中保护自己。也就是说千师道是一种求生术，当你遭受对手的袭击时你能凭借它化险为夷。

千师道自卫术是一门涉及多门学科的综合技能，包括犯罪心理学、危险分级、自卫程序、法律问题、有效技术、自卫工具、针对训练等诸多方面的研究。千师道自卫术的核心是智慧和身体的互补、结合，它将成为对付对手的有力武器。千师道自卫术是把人体的本能和自己所习练的打斗技术有机结合起来，并辅以进攻性、战斗精神、情景意识等一系列训练项目组合而成的。其在技术设计上存在两个指导性原则：短促、简洁。千师道自卫术这套技能在其教练、指导过程中，摒弃了不切实际的内容，而是通过一段紧凑而又讲究实效的短期训练，赋予受训者以具备实战能力的气魄。其唯一目标是用尽可能快的方式消除对手对自己的威胁。现在千师道自卫术被公认为是一套高度精确，带有街斗风格的自我保护技术——用以反抗街头攻击、抢劫以及性骚扰。

❖ 了解当前暴力犯罪的一般特点

首先，了解暴力犯罪的动机特点及类型。暴力犯罪的发生都离不开动机的支配，所谓动机支配是指支配犯罪主体实施暴力犯罪行为的内心起因。尽管在不同的暴力犯罪案件中犯罪分子的动机不同，但是我们应该清楚地认识到当前暴力犯罪主体主要包括侵财型犯罪、性欲型犯罪、暴力冲突型犯罪三个方面。

对手是如何选择受害者呢？一般对手选择作案对象有以下规律：

其一，受害人的钱财容易得手。其二，与受害人结怨。其三，受害者软弱可欺。其四，偶然遇到的犯罪伤害。了解到以上犯罪特点就使得社会成员能够清楚地认识到自己是否易成为暴力犯罪侵害的目标。从而提高警惕，保护自己。

❖ 对暴力侵犯的预防及保护

1. 克服自身心理特点，防止行为偏差

暴力犯罪侵害行为的实施与被害人心理弱点有极大的关系。因此，暴力犯罪侵害行为的发生受一定的心理支配，即犯罪嫌疑人在作案前犯罪心理已经产生，而犯罪心理受案犯自身动机和外在诱因两方面因素的影响。在一些突发型的暴力犯罪案件中，犯罪心理主要受被害人心理弱点的影响。其具体表现为:其一，疏忽大意。其二，炫耀心理。其三，贪利心理。其四，胆怯心理。其五，逞强心理。

2. 增强防卫意识

要树立一种居安思危的超前意识，要做好心理准备与各种保护措施，只有这样才能在一定程度上保护自己及他人的身体与财产不受侵犯。增强防范暴力犯罪意识应该从以下几方面做起：

提高对暴力犯罪侵害认知深度。根据以往发生的侵害案件经过，总结了解案件发生一般情况下的预兆、场合、时机和方式。在一些容易发生犯罪案件的场合、时间多注意身边的人和事，提高警惕性。也可以同身边一些有防卫经验的人探讨分析发生在别人身上或自己身上的事件，以吸取经验教训。

知己知彼，当我们加深对犯罪侵害的认识以后，就要更好地认识自己。自己有没有应付暴力侵害的知识、经验和防卫技能。看看哪些是不足的需要学习的；哪些是自己的优势需要发扬的；分析一下自己身边的环境及接触的人，是否有发生暴力犯罪的因素；试想一下暴力事件发生在我们身上，看看自己是否能够以一己之力，化险为夷；通过学习一些打斗技能，演练各种情况发生时的处置预案，

提高心理承受能力，练习基本的防身术，在孤立无援的情形下谋求自保。当你真正了解你自身各方面能力后，便发现自己在何种情况下能够进行有效的防身自卫，何种情况下是自己能力难以达到的，也就是自己最需要学习和提高的内容。一旦你能做到知己知彼，并不断学习提高弥补自己的不足时，你将大大降低遭受暴力犯罪侵害所带来伤害的概率。

千师道自卫术建议你在尽量逃避纠缠的同时，做好随时应战的准备。万一抵抗无法避免，专家提倡你在对手出手之前打击并乘胜追击直到对手完全丧失战斗力，以此来创造逃生的机会。这是千师道自卫术的方式，再加进一点练习和计划之后，就可以变成你自己的自卫方式了。

韩国式自卫解脱术

格斗中被对手从后面抓住手腕是经常发生的，在巷战中攻击者也很乐于使用偷袭手段将受害者锁定。对手悄无声息地从后面突然勒住你的颈部或抓住手臂和身体。这种攻击极具危险性，所以对付后面擒锁的防卫非常重要。要力争在对手将你牢牢控制之前就从对手手中挣脱。

1959 年，一名韩国的武术家创立了一套名为 KUKSOOL 的防身术，KUKSOOL 在韩语中的意思是“身后被抓解脱技术”，但它还包含了许多正面空手解脱的功夫和技巧。主要的徒手策略有：手腕被抓解脱和反击术；压腕技术；手腕内功技术；手指致命压力点技术；致命踢击技术；正面被抓解脱和反击技术；身后被抓解脱和反击技术；窒息技术。

韩国式自卫解脱术有两个要点：第一步挣脱对手的抓拿，第二

步实施相应的反击措施。

作为一个韩国式自卫解脱术修习者，必须透彻了解人体解剖结构及生理、关节的结构和反关节的原理，才能充分利用全身各个部位，随心所欲地攻击对手。与此同时，练习者还要有低身时掌握好身体平衡的基本功。

❖ 身后被抓解脱技术

示范身后被抓解脱技术可以由以下几步展开 ："偷袭者" 从后面抓住你的手腕，你这时要尽量地向前抬高你的手腕，将力量都压向

偷袭者的大拇指，然后使对手的力量逐渐放松。这时就可以很容易地挣脱，然后使出比较传统的拳打脚踢招式来实行防卫。

现在就介绍具体的细节问题。根据韩国式自卫解脱术的要求，当你的手腕被偷袭者抓住时需要做的第一件事情就是一只脚向后移动，这样你的脚就位于偷袭者双脚的后面了。这么做可以达到几个目的：首先使你距离偷袭者更近，就很容易削弱他的力量。偷袭者以为你会向前试图挣脱，这么做只会增加他的力量。而你向后退的动作就轻易将他的力量消解并且使他的意图落空。

第二步，向后退的时候要把你的双手用力放到身体的前方，这样就可以很清楚地看到偷袭者是如何控制住你的双手的，当然这样做使你更容易施展自卫解脱术的功夫来对付偷袭者。

第三步，为了使你的手臂回到身体的前方，你必须施加更大的力量来反抗偷袭者，这使你能够马上试探出偷袭者的力量大小。

第四步，将脚放到偷袭者大腿后面，用力将他绊倒或摔倒，然后马上上前控制住局势制伏偷袭者。

韩国式自卫解脱术还有几种不同的招式来对付这种被人从后面偷袭的情况。在一条腿向后一步之后，你可以将手猛然向前拉，借力猛然转身，这种举动一定会减轻他的力量，然后用一条胳膊锁住偷袭者的手腕，猛力向前拉，这样就能摔倒对手控制住他。

❖ 解脱和反击的要领

对手抓紧你的手腕和肩部时，竭力阻止对手把抓住的手臂反拧，尽量与对手拉开距离，猛踢对手的膝关节或裆部。手腕被敌擒抓，其开始回转身体，就用另一只手的掌后部猛击对手颈部或耳朵。如若被反拧手臂，就用另一只手去掏抓对手裆部，如能顺利地抓住敌裆下拉，可使对手放松对你的控制和攻击。有时，只要把被对手抓住的手臂再挣脱出来即可。要想使被抓手臂得以解脱，你可以屈膝沉身，降低重心，趁势用力向回拉抽手臂。抽出手后，迅速用拳猛击敌人的上腹部，这一解脱动作即告完成。

搏杀中，你要害关节部位被敌控制后，必须迅速解脱，然后干脆、果敢地进行反击，直至对手丧失进攻能力，才能达到自卫目的。

被对手抓住的拆解技术很多，但要有效地使用这些技巧，需要了解对手的姿势、平衡和力量的改变。自卫者必须设法巧妙利用对手的动量及其瞬间推拉动作，而推开其手或使用其他可以脱离对手控制的方法。

施技时要手脚同时动，两手抓住他的手，再对于最弱点施加压力，在身体扭转的同时立刻扭转对手的手，力争以多种合力令对手失去平衡，或者顺势以拳脚猛烈反击，如使用手指戳眼或脚踢裆等凌厉动作。

在被敌人擒锁时，牙咬、挖眼等手段将发挥出人意料的作用，可以帮助你迅速解脱或进行反击。这些技术虽然有时不足以使对手失去反抗能力，它只能使对手瞬间剧痛，或酸软无力，但这正是借以摆脱或反控制与反击的最佳的空当与时机。因而牙咬、挖眼、拧扭等这些逃逸性技术，是实施成功摆脱并发动反击的基本手段，最凶悍的技术就是击打。拧、扭等手段与紧随的反击或解脱要同时实施，要在对手缓过神来之前重创对手。

❖ 窒息技术

韩国式自卫解脱术的训练者经常采用以下技术窒息对手：

裸绞。之所以称裸绞，是因为它不需要抓对手的衣物，直接用双手实施绞技。这是利用臂来压迫颈动脉，使对手大脑供血不足而造成暂时性休克或窒息而死的锁颈技术。施技时从后面贴靠对手，用右前臂夹锁住对手的喉颈，随后迅速抬起左臂，并将右手放在左肘窝夹紧，然后以左手用力向前推对手的后脑，右前臂猛烈回拉。

剪刀形掐压。当你将对手逼至墙角或在地面上扭斗时，你跨在对手身上施用此招效果绝佳。你紧紧抓握对手的衣服，交叉向对手颈后部尽可能深地压下去。双肘向下压，使两个手腕压到对手颈部两侧，一旦你能切断向他大脑血液的运输，使对手丧失意识只不过是几秒钟的问题了。

单翼绞。这也是一种极为凶狠的绞颈术，它充分利用臂与颈之间的杠杆支点去迅速制伏对手。施技时，先将右手从对手颌下穿过，并用前臂卡住对手喉结，右手则紧紧抓住对手左衣领，紧接着左手从对手左肋下部插入，用左臂向上挑起对手左臂。最后再用左手猛力前推敌后脑，同时右手及右前臂用力压迫其喉颈，在对手的头后方将其颈部绞住。

送襟绞。从背后贴靠住对手，左手从对手左肋下部插入，抓住其右上衣襟，右手从对手颈下穿插过，紧抓对手的左衣襟，一边用头压住对手的头部，一边将左手向下拽，右手向自己的右肋下方拽，绞住对手的颈部。

菲律宾艾思克利玛自卫术

菲律宾武术有很长的历史，这也是在战争中发展起来的极为强悍的格斗术。它的流传已无从考证，因为菲律宾共有7000多个岛屿，这些岛屿上居住着来自印度、印尼、中国等不同国家的人，当然这些移民者也带来了他们本民族的武术。1565年，西班牙人侵占菲律宾，并在沿海建立了有菲律宾人、中国人、印度人居住的殖民地。西班牙征服者发现他们处于擅长艾思克利玛器械格斗术的米沙鄢人中间。在西班牙占领的菲律宾群岛上，武术虽然是被禁止的，但热衷于武术的人仍在偷偷地坚持练习，并且把他们的技击动作隐藏到宗教舞蹈的动作中去，以此来迷惑侵略者。

为了抗击侵略者，练习艾思克利玛自卫术的菲律宾人很勤奋，主要练习动作的准确性、敏捷性与灵敏性。他们与挥舞着锋利长剑的侵略者进行战斗，来保护自己和自己的同胞。由于西班牙人的长

剑能够砍断菲律宾人的藤棍，菲律宾艾思克利玛自卫术的练习者发展了一系列击打身体与四肢的动作，这样他们就能够利用致命的一击来解除对手的武装或使对手丧失战斗能力。一个艾思克利玛自卫术的练习者能够对付多个攻击者。

❖ 防守技术

防御是针对攻击而设的。艾思克利玛自卫术根据真实的打斗情况，以自卫者所处的空间为参照坐标，把所有可能攻击的路线归纳成以下几种角度：一条直线、由上到下、左右水平、左右斜上、左右斜下、由下到上等。如果以自卫者的身体所处的立体空间为界，想象来自各种可能角度的攻击，则可清楚地看到，所有的攻击都离不开这几种角度。通过外围360度防御模型和内围直线攻击防御模型的训练，就可对任何形式的攻击进行防卫。

❖ 进攻技术

要想攻击对手，就必须贴近对手。艾思克利玛自卫术练习者运用假动作、变向击打等技术，安全地缩短与对手之间的距离。运用假动作能使敌人防范露出破绽，这时你即迅速近身，攻击空当。当一个训练有素的对手以对战姿势站立时，你可实施变向的击打动作攻击其“边门”。这时应通过变换角度近身，调动对手转动，破坏对手习惯动作，使对手因动作别扭而露出破绽。

❖ “零点”理论

艾思克利玛自卫术的打斗原理是建立在“零点”理论基础上的。“零点”就是对手毫无力量的攻击动作和被攻击者的非要害部位。在艾思克利玛自卫术中，有两个“零点”：第一个“零点”是指攻击者拳脚尚未充分展开的攻击动作和被躲闪后的攻击动作，因为这两个时间段内所击打的力量是最小的。第二个“零点”是指被攻击者的非要害部位。当遭到对手偷袭，没有机会去防御或跑开时，可以迅速将身体缩成一团，用手臂与手掌遮护头部与身体要害，让对手的击打动作攻击到你的肩部、手掌、手臂等非要害部位。承受住其起初的几计打击之后，就要实施反击。根据“零点”理论，可以提前占据攻击路线所必需的空间。举例来说，倘若对手以抡踢向你攻击，那么你就可以迎头而上进逼到对手踢击的弧线以内，因为你已经事先占据了对手实施抡踢所必需的攻击空间，对手的攻击力量自然就

没有杀伤力。“零点”理论在面对与自己实力相当的，或者比自己矮小、瘦弱的对手时十分有用。

❖ 颠倒技术

艾思克利玛自卫术的“颠倒”技术是用来反击对手的反击动作的，它是在消解对手一击之后趁对手拳脚落空，身体失去平衡的瞬间予以痛击的。“颠倒”技术是一种巧妙的搏击术，因为对手在攻击你的同时，自己肯定要暴露空当，你就可以利用这个机会用重招反击对手，使其猝不及防而中招。搏击时，对付攻击的反击方法多种多样，但应该根据各个拳手自身特长和身体生理条件，在不同的搏击条件下，灵活地采取不同的反击技术。只有长期艰苦地训练把多种实战的技法做得十分准确、熟练并使之定型，达到一触即发的自动化程度，才能在实战中驾驭自如。

第六章

防身须知

1. 在夜晚外出时，尽量避免行经僻静人少区域；假如必须经过，而又别无他途可走，则尽量在路灯下走；若路灯又少相隔很远，那就尽量保持在路中心走。

2. 当你经过僻静地方，而发现被人跟踪，形势紧急的时候，你可以立即冲向最近的住户，猛按门铃或用力打门，高声呼救，造成大的声响以惊吓恶人。也许你认为这样太失礼了，但是紧急时，又无处求援的情况下，宁可事后道歉，以求暂时躲过灾难，应该会获得人家谅解。

3. 没有必要，尽量少带钱；如果带着钱，皮包要紧贴身边，绝不可漫不经心地提着钱袋，摇摇晃晃或随便地挂在肩上，使钱袋特别显眼，对恶徒是极大的诱惑。

4. 万一发现有人跟踪或想要抢劫你的钱袋，这时若路边有邮筒，便是最好的临时藏物处，你可立即将贵重首饰或大量钱钞放入邮筒内，次日再到邮局申请领回。这是紧急时的权宜之策，当然你必须记得是哪一个邮筒，以及你的财务数目和细节，事后才能取得回来。

5. 你日常行经的路上，最好要记牢哪里有警察岗楼，或有何可呼唤求援的地方，也要注意，有哪里有公共电话，在紧急时对你都大有用处。

6. 提高警觉，保持镇静，特别是当夜深人静，你单独行走时，无论你是刚从公交车下来或从出租车出来，或者转入僻静地区，你都要提高警觉，保持镇静，不可自己先露出惊慌之态，对于形迹可疑的人，即使你的心里真的怕得很，你也一定要表现出毫不畏惧的样子，那些恶徒可能也是心存畏惧，但你若显出害怕，他们就会壮起胆来。

7. 假如你正在行进中，突然被一陌生人阻挡去路，当然避之为上，另择路而行；若你已避无可避，又逃无可逃，那你先不要慌，

运用理智去分析一下，如果所遇见的是喝醉的人，你可以疾言厉色地斥责他，甚或掴他一掌，这或许可以打醒他，假如是个心理不平衡，或有些变态的人，就要好好地说几句话，或用话哄他，分散其注意力，然后找机会溜掉。再有，如果恶徒的目的在劫财，在不得已时，只好把钱袋给他，这是不得已的"两害相较，取其轻"的办法，因为这样总比身体受到伤害来得合算。当然，夜晚出门还是以少带钱为妙。

8．钱财不露眼，尤其在银行存款，商店购物付钱时，尽量避免那些钱在人前暴露。有些人为了炫耀，虚荣心作祟，那是最要不得的。如果你不得已必须带很多钱出门，最好不把钱放在一起：一些放在手袋内，一些放在衣袋内，甚至袜筒、鞋底都可分放一些，以防万一遭劫，不会全部损失。

9．晚间独自一人驾汽车外出时，到达目的地最好把车停在相识者的车辆附近，下车后要将车门车窗锁好。应酬完毕，也尽可能找几个朋友一起去停车地方。在发车之前，要巡视一下车后座或行李箱会不会有人藏匿。

10．当你夜行途中，忽然发现一部可疑的车子停在那里，车中有人，你最好绕路或掉头而去，否则就等候有人来时一起过去。

11．当单独进入屋内、走廊或者电梯时，都要特别小心，尤其是自动电梯。即使在白天，如果发现有可疑的人在内时，或正要跟着你走进时，你还是退出为妙，等下一部吧。如果楼梯不高，还是走路吧。有许多不幸事件，都是在电梯中发生的，这要特别注意。

12．对陌生而可疑的人物，你要尽可能记住他的形貌、身材、肤色、衣着、口音等，当然越多越好，尤其对他的特征更要记住，以备必要时作为认人的依据。

13．女性衣着要朴素整洁，切忌过分暴露，尤其在大庭广众中要端坐，以免引人想入非非。

14. 务须小心谨慎择友，非经正当途径，不可随便与陌生人攀谈；在没确定认识对方之前，切不可随便接受邀请，以免误交坏人，自找麻烦。

15. 如没有深交，或看出有不可靠之人，不可随便召开或参加舞会派对。

16. 没有深刻认识的朋友或男友，夜晚不可随便相偕出游，更应避免去黑暗荒僻无人处，以免危险。

17. 不可随便接受异性的馈赠，尤其是女性，因为这就等于鱼饵来诱你上钩。

18. 如单独与陌生人或异性进餐，应提高警觉，尤其对饮料类须小心提防，以免误饮迷药上当。

19. 离家独居应注意居住环境，邻居有无正当职业，并小心门户。

20. 乘坐出租车要注意司机座侧有无驾驶识别证，如无识别证，不可贸然乘坐，同时应记牢司机姓名及车号。

第七章

生活中的防身知识

❖ 乘车站稳

我们要经常外出办事，要坐公共汽车或者火车，人多车少，买不到座位就得站着。那么，在摇晃不定的车上怎样保持平衡和安全呢?

1. 你先向车子的前进方面站立，取身体向前进方向左倾的侧身姿势，而且你的膝关节要稍屈，保持弹性，重心在前，不是放在脚跟，而是在脚尖上。严格地说，是放在脚大拇指、小趾、脚掌心三点所构成的三角形上面，这是最好的站法。

当你在行驶的火车或汽车上找不到吊环，又恐摔倒时，一定要采取这种姿势，即使车子紧急刹车，如果保持这种姿势，便能免去向前摔倒的危险。

2. 车子急转弯的时候，不要配合车子的摇动率，而是把重心放在脚尖，以自己的节奏摇摆身体。用这个方法，可以避免因车子的快速摇动或因司机的紧急刹车，而失去自身平衡以致摔倒。

3. 你的手臂要弯曲些，但不要过于紧抱或者紧缩，也不要过于伸开，姿势过大不美观，且影响别人；手部不要握成拳，五指要一定程度地舒展，自然伸开成掌，这样一来，周身浑然一体，不至扭伤;即使摔倒了或受碰撞了，既利于快速反应和自我保护，又能够提高抵抗力，减少伤害度。

这也是护身术的一部分，有的人常常忽视这一点，不加注意，因此受了伤，真是遗憾。预防是最好的防身术。

❖ 注意高空坠物

在大都市里生活，公寓、大饭店、商业楼，遍地都是高楼大厦，有很多时候要在都市丛林中穿行。另外，还有许多不停地进行着的建筑施工。人们已经习惯了这种情况，所谓熟视无睹，并且毫无顾忌地往来于这些高楼和工地下面。

然而，只要稍微想一下，会觉得这真是很可怕的事。高楼上的花盆、碎物等，尤其是工地下面，随时都可能有铁锤、砖块、石块、玻璃等物从上面掉下来。当你必须经过楼群下面时，需要保持警觉，对你只有益处，没有坏处。

所以，你要养成间断地向上看看的习惯。如果养成这个习惯，万一有什么东西掉下来，就能及时发现而闪开身子，有备无患。

闪开的方法是，如果只是小物件，便只需要摆摆头部、扭扭身子就可以。但如果落下物体很大，采用上述动作是无法避开的，所以需要奋力向前方或侧向跑开或跳开或滚翻，你有多大力就使多大力，能动多快就动多快，只要能躲开，即使跌倒或因滚翻摔伤也在所不惜，总比被从几十米甚至上百米高处掉下来的东西砸伤轻得多。此招运用时，以向前动为主，因为人向前运动最快，能闪开的距离最远，闪避的机会就大得多。

总之，你要看情况，随机应变，反应要快，慢则失机。

❖ 顺利前行

在击剑比赛中，我们可以看到，选手们侧身前视，一手拿剑，如捕猎物，一刺一刺的。尤其是他们的步法很有特点，总是一个方向，滑步或轻跃或猛跳。他们的脚形前进时没有交叉，也不并排。他们身形看起来好像很窄的样子。

这种步法可以帮助我们快速穿过人群，而不易碰撞别人，应该借鉴来用。例如，在拥挤的人行道上，在拥挤的车站里，在拥挤的公交车上，由于急速奔走而碰到别人时，也许对方会发脾气而找麻烦，为了避免这种纠纷，就用这种类似的击剑步法吧。

这种走法在遭遇紧急情况时，也可派上用场，助你顺利逃身。

❖ 半步站立

大多数人觉得，如果让人跟在自己的后面，心情总不太稳定。所以，在月台等车的时候，原则上不要过分靠前，应站在人群的后面，或者站在有柱子的附近，这样万一发生什么事故，也能在刹那间抓住柱子不致跌落车下。

也许有人以为不需要那么小心，但事实上，从月台上被人群挤下去的危险情况并非没有，所以还是小心提防为要。如果很不巧，不得不站在人群的最前面时，就要采取“稍息”的姿势站立。同时你要时刻保持警觉，以防被拥挤的人群无意中碰下车道。

换句话说，就是你的脚向前踏出半步，膝盖要保持弹性，因为膝盖保持弹性的话，万一你被推或被撞，就能产生刹车或缓冲的作用，达到自救的效果。

❖ 侧身坐车

在今天交通事故成了夺去人们生命的最大杀手，没有一天报纸上没有交通事故的报道。有时候虽然把车子撞成一团烂铁，但也有侥幸轻伤而得救的人。人们会说“真幸运”，其实只要你懂得防身自护要领，即可避险。

有一位司机在开车时遇到两次大事故，而每一次都逃过了劫数。据他说，他是事故发生前的一刹那猛转方向盘，并将两肘覆盖于方向盘上，来缓和对于脸、胸的冲击而得救的。

但如果不是自己开车，是坐出租车或由别人驾驶车子时，自己无法掌控车子的速度和方向，也无法知道司机处理事故的想法，所以要选择较为保险的坐法，从某种意义上讲，一旦事发，坐法更是生死的关键。

通常车子在遇到猛烈的冲击时，人体会向前倒，接着反弹地向后恢复原位，而脖子也跟着向后用力冲去，因此颈椎容易发生严重的伤害。如果侧着身体，就能保护颈部，所以先要侧着身体深深坐入座椅内。

其次，向后恢复原位的身体再向前猛倒，头、脸有撞到前面座椅靠背的危险。避免的方法是立即伸出一只脚，顶在前面座椅的背面，并张开手掌，护住头、脸就可以了。

只要按这些方法做这些动作，即使发生交通事故，虽然不会万无一失，但绝对比不做强得多，这些方法可以帮助你争取成为“幸运”者。

❖ 倒地防护

武术地趟功有一种倒地法，就是教你在跌倒时正确地保护自己，别受伤，如果你把它学好，在日常生活上也有不少助益。

尤其是没有多少体能的女性，有时在月台上被醉鬼撞倒；或在家里，夫妇间发生争吵，不小心被丈夫撞倒的事件是有可能发生的。

此时由于事出突然，一点防备都没有，猛然后倒，就有撞到后脑部而受重伤的可能。不懂倒地法的人多数都张开两手倒下去，这样极易伤及头、肩和肘部。

所以，避之不及猛然后倒时，你要快速勾头，同时两肘弯曲，紧束在两肋下。如果采取这种姿势，会从臀部先着地而倒下，或者背部着地，这样就能保护你的后脑部。请参阅后面的“后倒免伤”，

更为详细。

如果，突然从后面被猛推一下而要俯倒时，双手用力，并以掌侧或掌根接地配合，不要直接与地面相撞；更不要握拳，握拳则折伤手骨。一旦着地时，肘关节顺势弯曲，把受力消掉。这种方法只有精通体操和武术的人才能使用，因为需要相当大的臂力。

臂力不够的人，你就要踏出一只脚，即使踏出半步也可以，并且头部要往里勾，使身体弯成圆曲的姿势向前倒下去，以肩侧或臂侧倒地。

受力大者，你可顺势一个或连续前滚翻或侧滚翻，把受到的力量削弱掉，伤害则能够减少到最低。

❖ 前滚翻落

有一种骑术竞技是骑在悍马背上，让其暴跳，计算参加比赛者维持多久不坠的牛仔竞赛。听说，在这种竞赛中，有时会因坠马而受重伤。负重伤的例子大体上有同样的经过，就是由于恐惧，死抓住缰绳不放，而从头部猛向前方摔下的情况。

那么安全的坠马方法是什么呢?

放开缰绳、缩起两手、拉紧颌部、弓圆身体摔下去。这个形态正与武术地趟功中的跌倒术吻合，确有其道理。

所以，假如你自己不注意从楼梯上跌趴，或突然被人猛推而滚落时，要采取圆形身体的姿势。这么一来，身体圆圆地滚下去，能够滚一回转而不受很大的伤害。

如果维持这种姿势，会一直滚到下面。可在滚一圈后，即刻把脸转向侧面，贴在肩膀上，这时身体会倾向一侧，你的重要部位就可避开与楼梯的接触，防止受到致命的创伤，并且可以起到“刹车”

作用，自然会慢慢停下来。

❖ 车撞救急

如果在电视或电影上看到斗牛的场面，请注意观察斗牛士应用身体的基本方法，他们在闪开从前面冲过来的牛时，一定会做挺出一边肩膀的姿势，如果只是为了闪开身子，就只需将一只脚向后拉一步便可。不使用这种方法，万一牛冲过来时，人会被撞倒。如果能注重这一点，挺出肩膀再闪开身子，即使受到从前面来的冲击也能够顶住不少，不致一触即溃。

假使你走在马路上，突然从前面向你冲过来一辆超速行驶的车时，你刹那间挺出一边的肩膀，就有可能与来车擦身而过。

即使很糟糕，不能完全闪开而被撞到的时候，做这种向前挺出一边肩膀的姿势，也可在被撞而坠落在地上时，先从肩膀落地。这样，伤势就会轻微些。

万一发生比这更恶劣的情况，即等你发觉时车已到身前，而实在躲避不开的时候，就干脆冒险跳跃起来，并将手猛力向下按去，这样的姿态被车子撞上，就有可能随车而动而被撞倒车盖上或滚落车侧，不至被直接撞倒或再被碾压，逃过死亡关。被撞伤总比被撞死强。滚落时就看你的“地趟功”好不好了。

现代社会车子越来越多，疯狂驾驶员也越来越多，“飙车族”“酒车族”屡禁不止，他们造出一个又一个的交通事故，这些人真该严处！而你为了绝处求生，务必记住这招保身法。

❖ 后倒免伤

我们有的人坐在椅子上的时候，悠闲地靠着椅背还嫌不舒服，

PEAK

常常又把双脚高高地翘在前面，还有人坐着时双脚还在不停地摇晃，这样一不注意，当你还沉浸其中时，椅子突然后仰，把你从梦中惊醒。

或者有人和你过分开玩笑，在你不注意时从后面拖翻你的椅子，结果使你撞到头部。

还有，即使是大人，在本来就不大稳定的椅子上，大大地向后伸一个懒腰，或因喝酒喝多了，失去控制，重心不稳，而向椅子靠去的时候，都会有和椅子一起猛摔在地的危险。

当你和椅子一起向后面摔倒时，因为椅子和脊背紧密接触着，所以无法施展武术中跌倒的技巧，而容易撞到后头部。

那么，你遇到这情况时怎么办呢？

1. 你须牢记“身体后倒快勾头”这个要诀，即在双脚已经离地腾空后倒时，无法自控了，便马上勾起头部，咬紧牙关，眼向下看，以背着地，便可避免撞到后脑部。脑部重跌，易引起脑震荡，非同小可；当然，由于反弹作用，也许会再次撞击后脑部，但第二次的受撞伤害性就小多了。

2. 后倒时全身肌肉要立即紧张起来，可因此提高身体的抵抗力，

减少受撞的伤害度，有效地保卫自己的身体。

还有，这时也要记住，如果两脚离地腾空，将倒未倒时，只要幅度不大，你快速把两脚脚尖向前一挺，就可调节重心，立刻勾腰起身，避免后倒。

❖ 地震求生

发生地震时究竟如何做？

1. 躲进桌子底下，因为桌子有四只腿，所以能够支撑相当大的压力。即使在最坏的情况下，屋顶塌了下来，也会因桌子的遮挡，使伤害减轻很多。

这时要注意的是，不要采取俯卧姿势，而要仰着身子躲进桌下。要一直睁眼看清当时情况的变化，才是保住性命的最大秘诀。

2. 如果没有桌子时，就尽可能靠近柱子。因为房屋倒塌的时候，中央部分会整个陷落，但四个角落即使柱子折断，也会留下一些空隙，所以可为藏身之地。

3. 身体靠衣柜旁边也好，即使抽屉掉下来造成一些伤害，但衣柜能预防屋顶塌下来的打击。如果想逃出屋外时，用门板、煎锅或是脸盆都可以，一定要保护头部。

❖ 地震须知

1. 全家在家吃饭时

使用中的火要立即关掉。旁边橱柜、家具要倒塌时，应钻进桌子底下。尽可能离开现场，避免被落下的东西打中身体，并可用坐垫保护头部。

2. 在厨房做菜时

首先关掉火苗。特别要注意沸腾的锅、壶倒下。橱柜中的碗盘、冰箱内的食物可能会飞出来，所以火苗关熄后要赶快离开厨房。平时器具能固定的要固定，以防滑落，易燃物勿靠近火源，并准备灭火器且保持良好可用。

3. 在看护病人时

身体衰弱的病人即使微震也容易惊吓。赶快轻声将他摇醒，使他安心。不要在病人旁放置容易翻倒的家具，头上不要安装电灯。

4. 在晚上睡觉时

躲在家中安全位置（如墙壁、柱子旁），寝室内不要放置过高的书架、柜子、匾额、花瓶等。并且常备手电筒，为保护脚部也要放置拖鞋。

5. 在厕所时

厕所柱子多，如没有朽化应该很安全。但是地震后，门可能不能打开，因此要先把门打开。

6. 在洗澡时

将电热器的电源先关掉。天花板、墙壁可能会落下时，可用浴巾等保护头部。

7. 在住院时

在床上有被打中的危险，可躲在床底下，用手抓住床。最好用棉被、靠垫等掩盖身体，并注意火灾。

8. 在公寓时

把出入口打开，不要使用电梯。在一楼大厅时，注意落下的东西，如不能到户外安全的地方，也最好躲到二楼以上去，要记得关紧煤气开关。

9．住在木造屋里时

如有强度 5 级以上的地震，无法站立时，也不能下楼。玻璃会破裂，且衣橱、书橱会倒下，应躲到固定家具旁或桌子底下。强震趋缓时，马上离开。家里如玻璃碎片满地，要记得穿鞋。

10．在最高层上的餐厅时

无法站稳，碗盘横倒，吊灯乱晃。小心滑落的器具，这时可用手提包保护头部。

11．在室内聚会时或在剧场、戏院时

很多设有柱子的构造，有屋顶天花板落下的危险，应伏在椅子与椅子之间，用皮包、杂志等保护头。保持镇静，不要急忙跑到出口，或紧急出口处。

12．在照顾幼儿时

幼儿、老人、卧病病人尽量睡在靠出口处。窗帘、寝具最好使用防震制品。震灾起火时要让幼儿最先避难。

13．在软弱地盘的住家时

比其他地方房屋倒塌的危险性高。火熄灭后赶快逃至屋外。为保护身体最好用靠垫护头。

14．在海边危险地带时

浪高依港湾形状、深度、方向而有所不同。应调查以前的记录，早做准备，一有地震即赶紧避难。

15．在办公室时

虽是钢筋水泥造的建筑物，在一楼一般墙壁较少，所以较易倒塌，危险时要躲至二楼。避免铁柜倒下，应躲在桌子底下或走廊上。

16．在商场购物时

卖家具的地方有许多大型倾倒危险物，在日用品部时，要注意碗盘、玻璃食器的掉落，赶快移到危险物较少的地方。超市的柱子较少，应注意天花板及灯饰可能会掉落。

17. 在游乐场游玩时

游乐场的设备林立，特别是高塔状的设备有倒下的危险性。父母视周围情况给予小孩指示，躲在长椅下，或跑到安全广场去。

18. 在渡桥时

激烈摇动无法站立，抓住栏杆免得掉入河中。主震稍停时，迅速去往没有火灾危险的岸上。

19. 在车站站台上时

蹲于柱子旁，小心电灯掉落。躲在长椅下，保护好头部。不要轻易跳车，应遵从车站人员的指示。

20. 在车站附近的商业街

广告牌、街灯、在路旁设置的商品架、机车等危险物品很多。地震时，跑到钢筋水泥造建筑的入口附近避难。

21. 在繁华街或有拱廊的街道时

躲在钢筋水泥造的建筑物入口附近。拱廊街道上会有覆盖的东西及照明器具落下的危险。

22. 在乘船时

海浪到达海岸最快约 5 分钟。在靠近陆地时，马上下船，跑到高地。

23. 在骑脚踏车或摩托车时

赶快停到路边，逃入安全大楼，等到地震停止。注意掉落的招牌、玻璃、电线等。

24. 走在高楼林立的街道时

逃入最近的高楼，避免靠近玻璃门窗。为了避免玻璃掉落，最好用书类物品保护头部。

25. 在开车时

地震强度5级时，轮子如有爆胎，驾车困难。强度6级时，方向盘难以掌握，会飞至相反车道，紧急刹车也可能会造成追撞的危险。应靠路边停车，将车锁好后步行避难。

26. 在乘地铁时

地震时，握住车上固定的握把。停电时，会有预备灯，不要慌张下车，应听从车上列车长的指示。

27. 在地下街时

等待紧急广播，遵照指示行动。地下街出入口会有拥挤现象，非常危险，大型地下街商店应有自备发电照明设备。

28. 走在住宅区街道时

地震强度5级或以上无法站立，蹲在地上较好。墙壁、土墙、门柱、自动贩卖机容易倒下。激烈摇动之下，瓦片及玻璃窗会破裂落下，可用购物袋子保护头部。如果附近有学校、公园最好快速躲到那里。横梁也有倒下的危险。

29. 汽车在十字路口时

道路在地震时是非常重要的空间，是避难及紧急车辆的通行道。停电时，红绿灯不灵，会使得交通堵塞，所以赶快离开十字路口，靠边停车。

30. 在郊游时

在山中会有土崩、崖崩、岩崩的危险，冬季高山注意雪崩，溪谷也会有洪水、土质流失的可能，要避到安全地方。

31. 在公园散步时

如附近有高楼要当心掉落的玻璃；如接近“易燃物”工厂，小心火灾、爆炸、瓦斯外泄等危险。

32. 在乘公交车时

地震强度 5 级或以上，车轮容易爆胎，无法开动。握住坚固的把手，蹲在座位，不要慌忙下车，留在公交车内比较安全。

33. 在地铁车站时

地震时最可怕的是人潮拥挤至出入口，车站会有预备电灯照明，一定要依指示行动。

34. 在钓鱼时

如在海岸，应躲到高处。在河川，小心水库可能会崩溃。最好钓鱼前找到较安全的地方。

35. 在实验室时

即刻扑灭火苗，关闭电源，管制易燃物品，任何器具都可能造成严重的杀伤力，平时器具都应固定防止滑落，并准备灭火器、棉被等，利用时间间隙迅速远离实验室。

36. 在教室上课时

关闭电源，学生向教室柱子、墙壁边缘、桌椅下方躲避，远离玻璃门窗，并用衣服、书包护住头部，向空旷处疏散，保持镇静，切忌慌乱。

第八章

随处可见的防身武器

身上可利用的武器

❖ 钥匙

将钥匙夹在食指与中指之间，就成了一种短兵相接的重要武器，攻击目标为对方的眼睛及面部。在他忍受不了剧痛用手掩面时，再用脚猛踢对方裆、腹部，即使是条大汉也会像木桩一样倒下。

❖ 上衣

面对持刀的敌人，上衣可是一件宝贝，可将上衣充分展开以扰敌方视线，等待敌人进攻再做应对。如敌人不是用拿刀手攻击，可将衣服上下抖动，或使其惊恐，或使其慌乱，如敌将刀刺出，则应用衣服包住对方手臂，借机踢击敌方的裆部、腹部或手腕。最好是用衣服包住敌方手臂后，使劲一拉，趁对手身体失去平衡之机，用手掌外侧砍击其后颈，将其击昏。

Feel the

❖ 皮带

将腰间的皮带快速解下来拿在手中可以当成鞭子，或者当成双节棍，抽击对方的多个要害部位，或者防守反击对方的匕首等凶器的进攻。使用皮带攻击可同时增加踢击动作，以强化攻击威力。

❖ 钢笔或圆珠笔

手握笔杆藏在身后，当对方接近时，出其不意地刺向对方的眼睛或面部，当然一次进攻是很难取得决定性胜利的，要不住地连续攻击。

❖ 文件包

当对手持刀刺来时，可以用文件包挡住。需要注意的是，必须在挡住对手进攻的同时，用脚踢击敌人，如一味防守，让对方看出你没有反击的意图后，他会更加肆无忌惮地进攻。

❖ 硬币

用 3 ～ 5 枚硬币，使之码齐斜握在手中，可以明显地增强出拳的威力。当处境极为不利时，可以将硬币投向敌人的面眼部，为我攻上取下创造条件。

❖ 信用卡、身份证

将其夹在食指和中指之间并用手掌握住，不要让对方发现手中有东西，然后寻找机会接近对方。可用一手佯攻，横划或用其一角

去捅。虽然角是圆形的，只要能用上力量，攻击效果会更好，目标当然是敌之面部。

❖ 手帕、纸团

握拳时掌中如握上一块手帕或纸团有两大好处：其一，可以增强拳头的威力；其二，可起缓冲作用，以减轻拳头所承受的冲击，免受伤害。当然，必要时亦可抛向敌方眼部，趁敌一愣神的瞬间，起脚踢向敌方裆部，将其击倒。

❖ 手机、打火机

手机是现代人的通信工具之一，遇到歹徒并且在时间允许情况下当然可以首先用来报警，当突然遇到歹徒令你交出身上财物时，你可假装拿出手机交给对方，一旦靠近对方，你可突然用手机向敌人眼部或太阳穴猛击；也可突然抛向敌面部，趁其一愣神的瞬间，下面起脚踢裆，成功率很高。

室内可利用的武器

❖ 椅子、凳子

在紧急场地，室内的椅子、凳子可以用作防身格斗武器。可以用椅子或凳子由上而下尽全力砸击对方头面部。如果对方持匕首攻击，也可用椅子或凳子架挡，然后起腿踢裆。必要时也可将椅子、凳子扔出去，砸击对方的小腿或脚面。

❖ 餐具

陶制器皿、玻璃制品、金属制品等，拿在手中都是很有力的武器。但是，如扔过去被对方躲过就没有实际意义了。如果对方手持匕首等凶器，可将啤酒瓶的底部打碎，拿在手中，威胁对方，使之不敢接近。

❖ 胡椒粉

如果随身携带一瓶胡椒粉，也是很有效的防身武器，被动时可将它撒向对方。不管多么强壮的人，对于刺激物都是很敏感的。此法一旦奏效，可连续使用，如果再用什么东西打击他一下，则大功告成。

❖ 开水

如果你的面前有开水，那就稳操胜券了。此时要果断地打开盖子，由上而下地泼过去，切记不要泼得太猛，不然会烫伤自己。泼时要

侧身向着对方，对准他的胸腹部，这样，高低都会泼中的。如果泼到对方身上的开水不多，要趁机用锅或壶猛击其头部，直到打倒他不动为止。

❖ 杀虫剂

雾状杀虫剂，看上去不足御敌，但如果能喷到对方眼里，就会给他一个很大的打击。要面向对方连续喷射，对方一旦进入射程之内，就会损伤他的眼睛，从而有机会利用别的武器进行攻击。如果对方闭着眼睛往前冲，您可以沉着地换个位置，并停止喷射，等他睁开眼睛时再猛地喷过去。

❖ 洗涤剂及洗发粉

如果有半袋以上洗涤剂，也是一种武器，用法是直接将其撒到对方脸上。一旦撒到眼里，就会痛得睁不开眼。

如果袋内所剩不多，有条件的话，可在里面冲上水，虽然稀释过，如果能喷到眼里，还是很有效的。

❖ 灭火器

如果操作够快，灭火器也是很好的防卫武器。倘若是大型灭火器，虽然操作花费时间，但它容量大，威力也大，顷刻间，就将来犯者变成一个二氧化碳的泡沫球，当然，家用灭火器，因为较为轻便，比起大型灭火器，更适合自卫时使用。

室外可利用的武器

❖ 沙、土

如果在公园里遇到暴徒，最方便的要数沙或土。除非一只手里拿有什么武器，否则，两只手里都要抓满。

当对方走近时，先将手收回，待他走到极限时，先将不灵活的那只手里的沙子，由下而上，撒到对方脸部。记住，用力不要过猛，否则，沙子飞扬起来，就很难集中地击中目标。不管对方是什么样的人，被撒一脸沙子，自然会停住脚步的，可利用这个机会跑掉或近身攻击。如果对方只是吃了一惊，待他睁眼时，再把另一只手里的沙子撒过去，并随时补充手里的沙子，如果对方被沙子迷住眼，就可以趁机跑掉了。

❖ 石头、砖块

如果身边有石头或砖块，一定要马上拿到手里，只有一块的话，另一只手可抓把沙子。但仍然要把石头拿在有力的那只手里。先用沙子攻击，待对方停住脚步后，再用石头。如果石头较大，可用两只手握在胸前，当对方冲过来时照准他的脸打，如果不易得手，可迅速一转，改攻他的膝下部位。此招不易防备，命中率较高，而且，只需下砸即可，也可攻击他的膝下部位，不过，眼睛不要盯着他的脚，要趁他抬腿时砸下去，一旦击中他的小腿或背部，他必然痛得在地上打滚，这时趁机捡起他丢下的武器，有可能的话，再给他的脚一下子，就更万无一失了。

❖ 树枝

身边如有大小合适的树枝，可用作自卫格斗武器，同时，另一只手再抓些沙子或石头，就足以应付对方了。如果树枝的强度，能够打掉对方的凶器，那就只管打他的手腕就行了。如果树枝太细，又不结实，就只能用来刺扎对方的眼睛。不要大幅度挥动树枝，只需稍微探出，以示威胁，在对方进招时，猛地向他戳刺。最好另一只手里有块石头或砖头，以防对方近身。

第九章

防身术的身体素质锻炼

手臂锻炼

为了强壮你的身体，增强你的体能，提高你的防身能力，你需要做出别人没有注意到甚至是疏忽了的努力。

例如，在车上使用拉手时，不要随便拉着茫然地等着下车，而是将五指用上力气，或者小指、无名指、中指三指用力，也可单用一指用力，随便你选择，累了就放松。

用这种方法进行锻炼，可助你肋下的肌肉更为结实，当然，手臂的肌肉也会增强，尤其是你的手劲提高很快，有利于自卫时的抓拉撕扯，所以它可说是一种很好的肌肉锻炼法。另外，外人看不出你在锻炼，也妨碍不了别人，这种锻炼并不耽误你的脑子思考问题。

此外，还有许多日常能够轻易做到的肌肉锻炼法。如以拜佛合十的手势合拢双掌，在手腕一带使劲互推；或张开两肘，使双手手指交握，然后互相拉引等，每天只要各做 10 至 20 秒钟就有很好的效果。

在两膝间夹住皮球练习，对于增强腿膝肌力也很有帮助。

类似这样的练习可以利用很多的时间和环境，坚持下来，你会发现你身体的功力不自觉地增强了。“坚持就有功夫”，这句话说得有道理!

你不妨立刻实行，锻炼是不会亏待你的，效果会让你感到吃惊。

腹肌锻炼

我们常常看到很多武术或者其他体育项目的选手在比赛前，都要做一些准备活动，先把筋骨活动开来，有利于身体尽快进入竞技状态，这些准备活动有利于提高比赛成绩，并且可以防止在激烈的

金陵体育

对抗中受伤。

如果你有同伴，日常练习时可以与同伴一起锻炼腹肌，更能增加练习的兴趣，同时促进友谊。

这类动作每天坚持练习，毫无疑问能够强化腹肌，因为腰腹是发力的源泉，既可增强整体力量，并且还能使腹部经得住打击。再者，你若是女性，还可帮助你消除腹部的赘肉，使身材变得苗条动人。

提重锻炼

举重比赛是把很重的杠铃举起来较量力气的竞赛，想必大家没有不知道的，而其中的细节，一般人就不一定明白。如参加举重比赛的选手所穿的鞋子，和我们平常所穿的鞋子有所不同，这种鞋跟较高。

我们经常要去旅行、购物等，就有很重的行李、物品等需要提起、举起、挪动等。如果一定要把很重的行李提起来时，就以单脚向前踏出一步，再使劲把它提起来。为了避免闪腰，要提起重物时，一定要两脚离开一段距离，膝盖稍微弯曲，以保持弹性。只要你试过就知道，用这种方法就不用担心会闪腰了。

从武术角度来说，为了增强我们的某种功力，有时候要进行抓提、举重等专项训练，只要在练功中掌握以上所讲的要诀，就不会出现无谓的受伤了。

脚腰锻炼

有的人常常怕累偷懒，每天除工作持续坐着不动外，就是借助

Feel the
JEANSWEST

交通工具，没能给予脚与腰很好的锻炼。

如果坚持尽量不乘电梯，能爬楼即爬楼，利用楼梯来进行锻炼，这些都能锻炼脚与腰，尤其是养成膝盖弹力的绝好方法。

徒步上楼梯可以达到一定效果，但若没有急事，还可利用楼梯相对变动一些走法，如采取倾斜角度，一次两阶，或一次三阶地上下等，诀窍是脚跟不着地，只以脚底前半部踏着楼梯，乘势快速爬上爬下。

反复做这种动作，除增强力量外，膝关节与髋关节能形成反射性的运动习惯，增加力量和步法的灵活性。

如果你想增强防身能力，请多练习这些动作吧，在关键时候就会发挥意想不到的作用。

肘胁锻炼

女性要自卫身体时，无论如何都要用力挥动手脚抗争，才容易找到活路；如果任人宰割，往往下场更惨。

女性天生体格弱，力量小，或许可用指甲抓挠对方来取得一些效果，但这种反击太脆弱了。那么，选择怎样的攻击武器呢？

若在使用肘击时抓住对方的手，或能够将对方的手夹进自己的胁下，再施展种种肘击，更有打之难逃的极佳效果。

所以，女性可以做些夹肘或者收肘的练习，如从高处取物后，快速回收肘部等。

只要做这类训练，就可增强胁部的肌筋夹击力量以及提高肘击的攻击力，一旦自卫使用，你就更有信心击伤恶徒，则保住身体的概率大大提高，获得自救了。

侧走锻炼

侧走是把两脚站开到比肩宽一点的程度，使其同在一条直线上，然后一边保持两脚的距离，一边朝侧面走去。

我们经常在走路，但都是正面往前的，但这种日常走法，在用于防身对抗时就有很多缺陷，要害裸露，进退不灵。所以为了提高搏击能力，就要结合格斗相对性地练习侧面行走，即把武术的步法日常化，随时练习一下，很有好处。

很少有人这样练习，但你知道它的好处，就应当经常做这种练习。另外，还可以使身体的平衡保持能力不可思议地增强，并且对于锻炼你的反射神经很有帮助，能提高人的反应能力，使人变得非常灵敏。

利用侧走的自我训练法，要渐渐增快、渐渐加速，膝部要保持弹性，心理上保持警觉，如捕猎物，如临大敌，务必养成这种警惕性强的好习惯。

也可以把电线杆、树木、楼梯角等障碍物视为敌方，直线地向它走去，在快碰撞时，忽地将身躯一闪，绕开障碍物并顺势走过。

或者，为了养成收紧肋下的习惯，可在侧走时在手臂或腋下夹本书、包，或者其他物品，这也不失为一个好方法。如果坚持做这种练习，手臂和胸部的肌肉自然会发达起来。

但是，肌肉不能过度用力而僵硬，应保持一定的柔韧度，以便在临敌关头随时反应，所以走路时可以试着做一些手臂的晃、腰腹的屈伸、头部的扭摆等自由运动，测试一下自己的灵活性。

图书在版编目（CIP）数据

防身术 / 周洪生, 孟祥文编著. -- 长春 : 吉林文史出版社, 2014.7 (2023.5重印)

ISBN 978-7-5472-2225-6

Ⅰ. ①防… Ⅱ. ①周… ②孟… Ⅲ. ①防身术 – 基本知识 Ⅳ. ①G852.4

中国版本图书馆CIP数据核字(2014)第133991号

防身术

FANGSHENSHU

出 版 人　张　强

主　　编　周殿学　周洪生

编　　著　周洪生　孟祥文

责任编辑　王　新

封面设计　高　雪

出版发行　吉林文史出版社

地　　址　长春市福祉大路5788号

网　　址　www.jlws.com.cn

开　　本　720mm × 1000mm　1/16

印　　张　12

字　　数　100千

印　　刷　天津海德伟业印务有限公司

版　　次　2015年8月第1版　2023年5月第4次印刷

书　　号　ISBN 978-7-5472-2225-6

定　　价　59.80元